HELMUT SCHMIDT – EIN LEBEN FÜR DEUTSCHLAND

Helmut Schmidt

Ein Leben für Deutschland

OTUS

INHALT

Der Staatsakt zu Ehren eines „Giganten", wie Helmut Schmidt an jenem 23. November 2015 unter anderem genannt wird. Der Staatsmann, Altkanzler und ehemalige Wirtschafts-, Finanz- und Verteidigungsminister starb am 10. November an den Folgen einer Infektion, die seinen geschwächten Körper zwei Monate zuvor bei einer Gefäß-Operation erfasst hatte. Schmidt wurde 96 Jahre alt. Bei der Trauerfeier in der Hamburger Hauptkirche St. Michaelis, dem Michel, nahmen knapp 1.800 Gäste von ihm Abschied – Wegbegleiter, Nachfolger und Verehrer seines politischen Vermächtnisses.

Bild oben:
Namhafte Trauergäste haben sich im Hamburger Michel eingefunden, um Schmidt ihre letzte Ehre zu erweisen, darunter der ehemalige Bundeskanzler Gerhard Schröder (2.v.l.) mit seiner Ehefrau Doris Schröder-Köpf links neben ihm, die ehemaligen Bundespräsidenten Christian Wulff (4.v.l.) mit Ehefrau Bettina, Horst Köhler (4.v.r., mit Ehefrau Eva Luise) und Roman Herzog (mit Alexandra Freifrau von Berlichingen), sowie die ehemalige Gesundheitsministerin und Bundestagspräsidentin Rita Süssmuth. In der ersten Reihe vor ihnen saßen unter anderem Schmidts Lebensgefährtin der vergangenen vier Jahre, Ruth Loah, sowie seine Tochter Susanne. Dass Helmut Schmidt nicht nur die deutsche Politik prägte, zeigte sich an den zahlreichen internationalen Gästen – darunter die ehemaligen Staatspräsidenten Valéry Giscard d'Estaing (Frankreich) und Giorgio Napolitano (Italien), der EU-Kommissionschef Jean-Claude Juncker und der Nato-Generalsekretär Jens Stoltenberg oder auch der chinesische Botschafter in Berlin, Shi Mingde – Schmidt war ein Bewunderer der chinesischen Kultur. In dem von Schmidt festgelegten Programm wurden vor allem Werke des von ihm verehrten Johann Sebastian Bach gespielt. Wie schon beim Tod seiner langjährigen Ehefrau Loki sprach Pastor Alexander Röder das letzte Gebet.

Bild rechts:
Abschied von der Heimat: Hamburgs Erster Bürgermeister Olaf Scholz hält die erste von drei Reden dieser Trauerfeier. Er würdigte Schmidt als „Giganten", denn er habe Europa und die Welt geprägt. Doch „zu Hause war er hier in der Freien und Hansestadt, kulturell, intellektuell und persönlich". Unter anderem hatte Schmidt als Polizeisenator das Bild des standhaften Norddeutschen gefestigt, als er 1962 die Stadt durch eine katastrophale Sturmflut führte.

Abschied von der Weltbühne: Zu Ehren seines Wegbegleiters sprach Henry Kissinger seine Rede auf Deutsch. Der 1938 aus Fürth emigrierte spätere US-Außenminister sagte in einer bewegenden Ansprache, er habe sich als kleines Kind nicht vorstellen können, „dass ich einmal mit einem deutschen Bundeskanzler befreundet sein würde“. Der 92-Jährige huldigte Schmidt nicht nur als Freund, sondern auch als „Weltgewissen“ und „einen Pfeiler in meinem Leben“. Den Menschen Schmidt beschrieb er als „fordernd, inspirierend, immer zuverlässig“. Schmidt hatte sich seinem politischen wie privaten Freund Kissinger nach dem Deutschen Herbst anvertraut, in dem er 1977 als Bundeskanzler im Kampf gegen die Rote Armee Fraktion schwerwiegende Entscheidungen über Leben und Tod treffen musste.

Abschied von Deutschland: Bundeskanzlerin Angela Merkel ließ in ihrer Rede das politische Leben Schmidts Revue passieren und bezeichnete ihren Vorgänger im Kanzleramt als einen „Gründervater unserer Diplomatie". Er habe nicht nur als Politiker, sondern auch als Herausgeber der ZEIT das Land geprägt, seine Bücher und Artikel seien „eine Klasse für sich" gewesen. Auch sie ließ persönliche in ihre Huldigung einfließen – Merkel hatte 1962 Verwandte in Hamburg, als sie die Stimme Schmidts während der Sturmflut erstmals im Radio hörte. Und sprach dann noch die Worte: „Wir haben ihm vertraut. Ich verneige mich vor einer herausragenden Persönlichkeit. Lieber Helmut Schmidt, Sie werden uns fehlen."

Letztes Geleit: Nach der deutschen Nationalhymne begleiteten die Gäste unter strahlendem Sonnenschein den Sarg auf seinem Zug durch Schmidts Heimatstadt, allen voran seine Tochter Susanne, die von Bundespräsident Joachim Gauck begleitet wurde. Für die Zeremonie waren, zehn Tage nach den Terroranschlägen in Paris, strengste Sicherheitsvorkehrungen nötig gewesen. Selbst Staatsgäste mussten sich Kontrollen unterziehen, Scharfschützen waren auf den Dächern entlang des Trauermarschs auf der Lauer gelegen. Einige Gäste äußerten die Vermutung, dass sich Schmidt niemals von Terroristen hätte beeindrucken lassen. Die Süddeutsche Zeitung schrieb deshalb tags darauf: Daran könne man erkennen, dass nun die „Helmut-Schmidt-hätte-gesagt-Zeit" begonnen hat.

Salut: Mit militärischen Ehren und dem Lied vom Kameraden endet die Zeremonie. Nach dem Trauerzug unter Anteilnah

erung fanden im engsten Familienkreis eine Trauerfeier in Ohlsdorf sowie ein Trauerempfang im Hamburger Rathaus statt.

In der von Helmut Schmidt selbst geplanten Trauerfeier stand auch das „Abendlied" im Programm. Ergriffen zeigte sich die Trauergemeinde auch beim plattdeutschen „Min Jehann", vorgetragen von einem alten Nachbarn Schmidts. Darin heißt es: „Ich wollte wir wären noch klein, da war die Welt noch groß." Ein Lied, das den Staatsmann offenbar an seine Kindheit erinnerte.

Abendlied

Der Mond ist aufgegangen,
Die goldnen Sternlein prangen
Am Himmel hell und klar;
Der Wald steht schwarz und schweiget,
Und aus den Wiesen steiget
Der weiße Nebel wunderbar.

Wie ist die Welt so stille,
Und in der Dämmrung Hülle
So traulich und so hold!
Als eine stille Kammer,
Wo ihr des Tages Jammer
Verschlafen und vergessen sollt.

Seht ihr den Mond dort stehen?
Er ist nur halb zu sehen,
Und ist doch rund und schön!
So sind wohl manche Sachen,
Die wir getrost belachen,
Weil unsre Augen sie nicht sehn.

Wir stolze Menschenkinder
Sind eitel arme Sünder
Und wissen gar nicht viel;
Wir spinnen Luftgespinste
Und suchen viele Künste
Und kommen weiter von dem Ziel.

Gott, lass uns dein Heil schauen,
Auf nichts Vergänglichs trauen,
Nicht Eitelkeit uns freun!
Lass uns einfältig werden
Und vor dir hier auf Erden
Wie Kinder fromm und fröhlich sein!

Wollst endlich sonder Grämen
Aus dieser Welt uns nehmen
Durch einen sanften Tod!
Und, wenn du uns genommen,
Laß uns in Himmel kommen,
Du unser Herr und unser Gott!

So legt euch denn, ihr Brüder,
In Gottes Namen nieder;
Kalt ist der Abendhauch.
Verschon uns, Gott, mit Strafen,
Und laß uns ruhig schlafen!
Und unsern kranken Nachbar auch!

Matthias Claudius

VOM KIND ZUM SOLDATEN

Zuletzt war viel davon geredet worden, dass den Deutschen die politischen Integrationsfiguren fehlten. Jene Menschen mit Charisma, die zwar nicht unbedingt für das alltägliche operative Geschäft gebraucht werden, jedoch als moralische Autorität - und als Hilfe dafür, dass sich die Bevölkerung nicht zu weit von ihren Volksvertretern entfremdet.

In diesem Zusammenhang fiel in den vergangenen Jahren immer wieder der Name Hans-Dietrich Genscher, auch Helmut Kohl wurde genannt, vor allem aber Helmut Schmidt. Dass er in Umfragen bis zum Schluss einer der beliebtesten deutschen Politiker war, hatte auch mit seiner Kindheit zu tun, mit dem, was er in seiner Jugend und im Krieg erlebte, und damit, wie seine Vergangenheit aus ihm einen überzeugten Demokraten machte.

Kindheit und Jugend

Helmut Schmidt wurde am 23. Dezember 1918 geboren, sechs Wochen nach dem Ende des Ersten Weltkrieges. Die Demokratie war damals ein zartes Pflänzchen, und die folgenden 15 Jahre reichten nicht, um sie wachsen zu lassen. Schmidt selbst schrieb 1992 in dem Buch „Kindheit und Jugend unter Hitler" über seine politische Gesinnung in der Nazizeit: „1937, als ich 18 war, wusste ich immerhin deutlich, dass ich ‚dagegen' war; aber selbst am Ende des Zweiten Weltkriegs wusste ich noch nicht, wofür ich hätte sein sollen."

Schmidt wuchs zunächst im Hamburger Stadtteil Barmbek auf, einem kleinbürgerlichen Milieu, wie er selbst sagte. Sein Vater war ursprünglich ein ungebildeter Hafenarbeiter, der sich mit viel Glück und Fleiß zum Volksschullehrer hocharbeitete und für kurze Zeit auch Schulleiter wurde. Dessen Vater wiederum hatte kaum je richtig Lesen und Schreiben gelernt. Wobei Helmut Schmidt erst viel später erfahren sollte, dass es sich dabei nicht um seinen leiblichen Großvater gehandelt hatte – dieser war ein jüdischer Kaufmann mit dem Nachnamen Gumpel. Schmidt hat nach dem Krieg versucht, mehr

Helmut Heinrich Waldemar Schmidt im Jahr 1925, im Alter von sechs Jahren. Der Junge wuchs in Hamburg-Barmbek auf – einem Stadtviertel, das für Straßenprügeleien bekannt war.

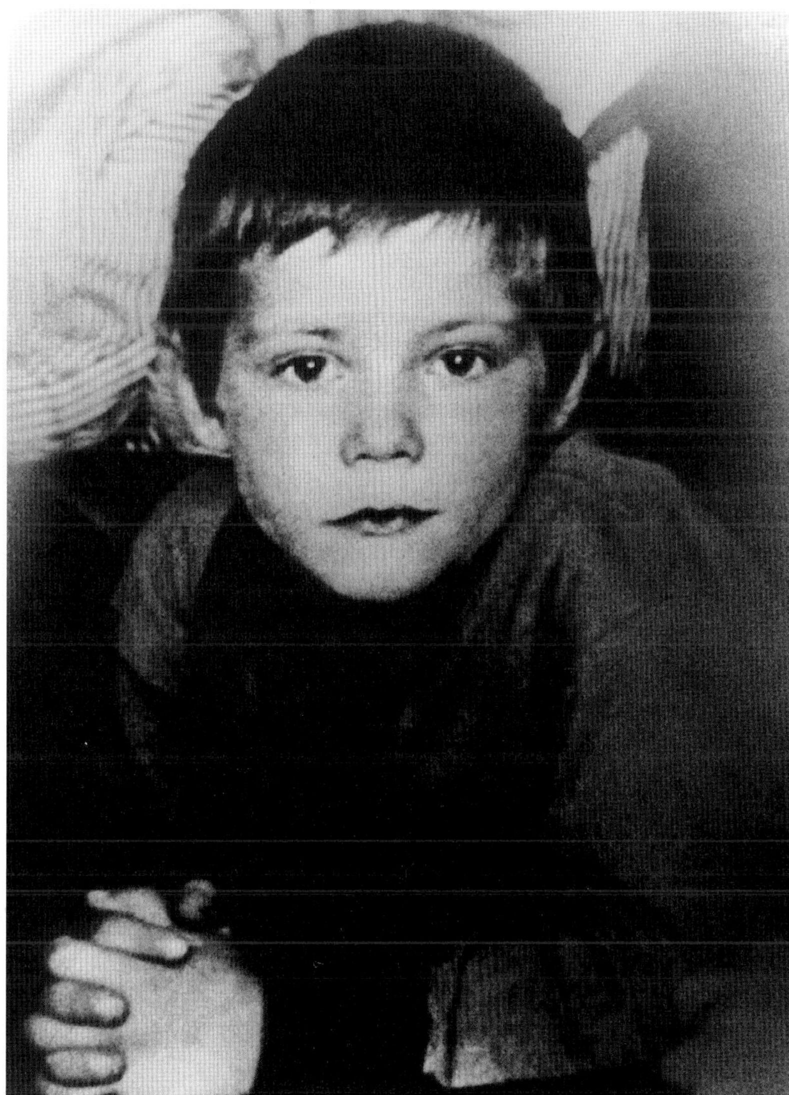

Bruder Wolfgang rechts, Helmut links: Die beiden Brüder wuchsen als Sohn eines Studienrates auf. Das Bild stammt aus dem Jahr 1924.

über ihn zu erfahren, fand aber nur heraus, dass er sich schon bald nach der Affäre Richtung Sachsen aufgemacht hatte.

Schmidt wurde von seinen Eltern in keinster Weise politisch geprägt, auch dann nicht, als nach dem Umzug nach Eilbek in der Gaststätte der Straße regelmäßig Schießereien zwischen Linken und Rechten die nächtliche Ruhe störten. Doch im Haushalt hieß es: „Kinder lesen keine Zeitung!" Dabei blieb es auch nach 1933. Zum einen hatte Helmut zumeist ein unterkühltes Verhältnis zu seinem Vater. Womöglich bedeutend wichtiger war aber ein soziales Phänomen aus dieser Zeit: Die Kinder demokratisch zu erziehen, hätte sie im bestehenden System unter Druck gesetzt. Unpolitisch zu sein bedeutete, keine Angriffsflächen zu bieten. Doch gleichzeitig war Helmut Schmidt ein guter und wissbegieriger Schüler. Er eignete sich in jener Zeit viel Wissen an, das jedoch bis 1945 in einem ideologischen Vakuum eingesperrt blieb.

Aus Freundschaft wurde Liebe: Helmut Schmidt (2. v. r.) sitzt auf diesem Foto von 1929 schon neben seiner späteren Ehefrau Loki, geboren als Hannelore Glaser. Damals war Loki einen halben Kopf größer als Helmut.

Bildungsbürgerliche Einflüsse gab es fast ausschließlich von der mütterlichen Seite. Von dort erbte Helmut Schmidt seine Liebe zur Musik, er bekam Klavierstunden, die er – wie fast jedes Kind in diesem Alter – nicht sonderlich mochte, zumal er dafür einmal die Woche einen sehr langen Fußmarsch zurücklegen musste. Ähnliches galt auch für den Weg zur Grundschule in den Jahren 1925 bis 1929. Der Vater hatte diese ausgesucht, weil er dort ein Lehrerseminar besucht hatte. Sie war noch geprägt von preußischem Drill, Schmidt meinte später, dass er hier nicht besonders viel für sein Leben gelernt habe.

Ganz anders verhielt es sich mit der anschließenden Lichtwarkschule, einer modernen „Deutschen Oberschule": Musisch und humanistisch geprägt, hatte Schmidt hier die Möglichkeit bekommen, noch vor der Machtergreifung durch die Nazis seinen eigenen Charakter zu schärfen: „Ich habe zwar außer Schulenglisch und rudimentärem Latein keine Sprachen und nur wenig Naturwissenschaftliches gelernt; dafür aber habe ich dieser Schule den ersten, bewussten Zugang zur Literatur, zur bildenden Kunst und vor allem zur Musik zu verdanken – und außerdem die Fähigkeit zu selbstständigem Arbeiten."

Ungewöhnlich war diese Schule nicht nur wegen ihrer „pädagogischen Vitalität". Hier lernten auch Jungen und Mädchen gemeinsam, und ein erster Beleg von der Freundschaft zu seiner zukünftigen Ehefrau Hannelore Glaser, genannt Loki, findet sich auf einem Foto eines Kindergeburtstags von 1929. Von seinen kurzen Besuchen ihres Elternhauses blieb nicht nur eine jahrzehntelange Liebe – das in ärmlichen Verhältnis-

sen aufgewachsene Mädchen prägte in ihm auch das Gefühl für soziale Gerechtigkeit. Niemand solle so leben müssen wie die Glasers, dachte er sich damals.

Auseinandersetzung mit dem Nationalsozialsmus

Nach der Machtergreifung der Nazis wurden in der Lichtwarkschule zwar ein neuer Direktor eingesetzt und Lehrer ausgetauscht, trotzdem hatte Schmidt noch ausreichend Bezugspersonen, die ihn mit Weltliteratur und klassischer Musik verschiedener Prägungen versorgten. Politische Bildung wurde aber nur im Geschichtsunterricht vermittelt, und dieser endete mit den Versailler Verträgen von 1921, die auch Schmidt damals schon als ungerecht empfand. Doch vermutlich wurde so schon die Bahn geebnet für den späteren Politiker Schmidt: Das Verständnis für politische Vorgänge, gepaart mit einem ausgeprägten Gerechtigkeitssinn, machten aus ihm später vermutlich den Pragmatiker, der selten ein Blatt vor den Mund nahm.

Das war auch schon in der Hitlerjugend so gewesen, der er beigetreten war, um nicht das Gemeinschaftsgefühl vermissen zu müssen. Schmidt liebte die gemeinsamen Ausflüge mit Kameraden – dass diese nun staatlich angeordnet waren, störte ihn kaum. Das von den Nazis propagierte Gemeinschaftsgefühl sah er auch stets als etwas Gutes an, obgleich er später erklärte, er habe nicht gewusst, dass die dahinter liegenden Ideale schon von anderen Menschen formuliert und durch die Nazis nur oberflächlich übernommen worden waren.

Jedenfalls wurde er kurz vor seinem 18. Geburtstag aus der Hitlerjugend entlassen, weil er sich gegenüber Vorgesetzten negativ geäußert hatte. Nach dem Abitur 1937, das aufgrund der Wiedereinführung der Wehrpflicht ein Jahr früher stattfand als geplant, meldete sich Schmidt freiwillig zur Wehrmacht, weil er sich so die Möglichkeit offen halten wollte, später zu studieren. Allerdings fiel das Ende seiner Wehrpflicht mit dem Beginn des Krieges zusammen.

In der Zwischenzeit hatte er einen Weg gefunden, zumindest einen Teil der weggenommenen Jugend auszuleben. Bei den Heimaturlauben besuchte er regelmäßig den Fischerhuder Freundeskreis, der aus

Bild oben: Helmut Schmidt im Frühjahr 1940 als Leutnant der Luftwaffe. Zu Beginn des Krieges wird er in Bremen in der Luftabwehr eingesetzt.

Bild linke Seite: Hochzeit im Krieg: Am 27. Juni 1942 heiratet Helmut Schmidt seine Jugendliebe Loki.

Bild oben:
Im Jahr 1953 wird Helmut Schmidt im Alter von 34 Jahren bereits SPD-Bundestagsabgeordneter.

Bild rechte Seite:
Der Inspekteur des Heeres, Generalleutnant Hans Röttiger (l.) am 23.10.1958 bei einem Besuch der Flugabwehrschule in Rendsburg im Gespräch mit Helmut Schmidt (r.) als damaligem Rüstungsexperten der SPD-Bundestagsfraktion. Schmidt absolvierte in Rendsburg seine erste Reserveübung.

verschiedenen Künstlern bestand und Helmut Schmidt womöglich auch weiterhin davor bewahrte, der nationalsozialistischen Ideologie zu verfallen. Es wurde seine persönliche Sturm-und-Drang-Periode. Doch eigentlich war Schmidt schon vor seiner Zeit als Soldat überzeugt, dass die Nazi-Ideologie „Schwachsinn“ sei. Er empfand dabei sogar die Wehrmacht als Oase, denn dort, so sagte er, sei ihm in seiner gesamten Laufbahn nur ein einziger echter Nazi untergekommen.

Der Krieg

So entschied er sich auch nicht aus politischer Verpflichtung heraus, an die Front zu gehen, womit er die verhältnismäßig ungefährlichen Aufgaben eines norddeutschen Flakhelfers aufgab. Er tat es aus einer patriotischen und kameradschaftlichen Verpflichtung heraus. Schmidt kam zunächst in Russland, zur 1. Panzerdivision, mit der er den unglaublich harten und kriegsentscheidenden Winter 1941/42 erlebte. Nach der Blockade der Stadt Leningrad erhielt er das Eiserne Kreuz 2. Klasse.

Kurz vor seiner Verlegung nach Russland hatte Helmut Schmidt noch einmal seine Freundin Loki getroffen, für eine Woche in Berlin. Beide waren der Überzeugung, dass Deutschland den Krieg verlieren würde. So fiel die Entscheidung, das restliche Leben gemeinsam zu verbringen – wie lange oder wie kurz es auch sein sollte.

Als Schmidt bereits im Januar 1942 nach Deutschland zurückkehrte, beschlossen die beiden, zu heiraten. In dieser Zeit wurde sich Schmidt am stärksten der Gefahren bewusst, die seine familiäre Vergangenheit mit sich brachte. Denn für die Hochzeit war ein Arierausweis nötig, der erst noch ausgestellt werden musste. Der Vierteljude Schmidt gab als Vater „unbekannt“ an und kam damit durch. Die Behörden hatten tatsächlich mehr Wert darauf gelegt, die künftige Ehefrau vorher zu sehen. Als es zu einem Treffen kam, wurde sie offensichtlich als ehrenwert genug für den jungen Oberleutnant eingestuft.

Sohn Moritz kam zwei Jahre später zur Welt, überlebte jedoch das erste Jahr nicht. Er starb vermutlich an Meningitis. Helmut Schmidt bekam diese Nachricht per Feldpost an die Westfront, wohin er in der Zwischenzeit verlegt worden war, um gegen die Amerikaner zu kämpfen.

Später sollte Helmut Schmidt viel darüber erzählen, wie ihn die Erlebnisse des Krieges geprägt haben, oft in harschen Worten. Seine Standfestigkeit habe er auch daraus gewonnen, dass er diese „Scheiße“ habe durchmachen müssen, sowie seine Diszi-

Die Katastrophe: In der Nacht vom 16. auf den 17. Februar 1962 wütet der Orkan „Vincinette" an der Nordseeküste. Zahlreiche Elbdeiche brechen, 200 Millionen Kubikmeter Wasser überschwemmen die Stadt und das Umland. Zahlreiche Dämme brechen, Bäume knicken um, Dächer werden abgedeckt. Insgesamt sterben 315 Menschen, 200 davon allein im Hamburger Stadtteil Wilhelmsburg, der auf dem Foto zu sehen ist. Die Bevölkerung hatte die Gefahr dieses Orkans weitgehend unterschätzt. Zwar hatte das Seewetteramt schon am Nachmittag vor diesem Sturm gewarnt, Radio- und Fernsehstationen berichten aber erst nach 20 Uhr, als eine Sturmflutwarnung ausgegeben wird. Nur eine Stunde später brechen aber schon die ersten Deiche in Cuxhaven, Dutzende weitere folgen. Das Elbwasser erreicht in Hamburg einen Pegelstand von 4,70 Meter über Normal Null – solch hohes Wasser wurde in über 100 Jahren nicht gemessen. Helmut Schmidt, der zu dieser Zeit Innensenator war (damals: Polizeisenator), reist kurzentschlossen von Berlin nach Hamburg – zu einem Zeitpunkt, als die Ausmaße der Katastrophe noch gar nicht abzuschätzen waren.

Einwohner des Stadtteils Wilhelmsburg werden am Morgen des 17. Februar mit Schlauchbooten aus ihren Häusern gerettet. Die Lage war prekär: Bei Temperaturen knapp über Null Grad Celsius mussten viele Bewohner aus ihren Häusern fliehen und durchnässt auf Dächern oder in Bäumen ausharren. Selbst die Innenstadt war betroffen, insgesamt ein Sechstel der Fläche Hamburgs. Doch all dies war in der Nacht nur wenigen bekannt, Schmidt musste sich aus einzelnen Augenzeugenberichten ein Bild der Lage machen. Er entschied sich zu einem Schritt, der laut Verfassung verboten war: Er forderte Soldaten der Bundeswehr an, die damals keine zivilen Aufgaben übernehmen durften. Mit Booten und Hubschraubern machten diese sich dann ab dem Morgengrauen auf die Suche nach Überlebenden. Fünf Helfer starben bei diesen Einsätzen, aber es konnten auch etwa 400 Menschen aus akuter Lebensgefahr gerettet werden. Zu der Frage, ob er sich des Verfassungsbruchs bewusst gewesen sei, sagte Schmidt viele Jahre später: „Wir brauchten Motorboote und Hubschrauber. Beides hatte die Bundeswehr, deshalb habe ich keine Sekunde gezögert."

Rettung in höchster Not: Bundeswehrsoldaten bringen Bewohner in Sicherheit. Der tief liegende Stadtteil Wilhelmsburg, in dem viele Kriegsflüchtlinge mit ihren Familien in Schrebergärten lebten, war mit Abstand am härtesten von der Sturmflut getroffen worden.

plin und seinen Antrieb als friedliebender, demokratischer Politiker. Und doch gab es ein Ereignis in Deutschland selbst, das ihn womöglich noch mehr geprägt hat. Eines, das ihn aufgrund seines bereits entwickelten Gerechtigkeitssinns endgültig mit den Nazis brechen ließ.

Als der Attentatsversuch auf Adolf Hitler am 20. Juli 1944 fehlschlug, wurden zu den anschließenden Prozessen bewusst Wehrmachtsmitglieder aller Ränge „eingeladen", deren nationalsozialistische Einstellung, wie Propagandaminister Goebbels sich ausdrückte, „einer Aufbesserung bedarf". Die Zurschaustellung der Angeklagten hatte aber bei den meisten der unfreiwilligen Zuschauer den gegenteiligen Effekt, so auch bei Helmut Schmidt. Er war abgestoßen von der Zurschaustellung der Angeklagten und von der offensichtlichen Rechtlosigkeit des Richters Kurt Freisler, der die Beschuldigten auf das Übelste beschimpfte und kaum zu Wort kommen ließ. Schmidt bat seinen vorgesetzten General, dieser Farce nicht mehr beiwohnen zu müssen. Der General segnete die Bitte ab.

Später entging Schmidt selbst auch noch einer Anklage wegen „Zersetzung

der Wehrmacht", die mit der Todesstrafe hätte enden können, durch mehrere Versetzungen. Der pflichtbewusste Soldat hatte mal wieder seine „Schnauze" nicht halten können und die Nazis unter anderem als „Braune" bezeichnet. Als die Engländer deutschen Boden erreichten, befand sich Schmidt in der Nähe der Lüneburger Heide, wo er dann in Gefangenschaft geriet und von dort nach Belgien gebracht wurde.

Ausgerechnet in den letzten Monaten des Horrors holte Helmut Schmidt das nach, was ihm zum späteren Staatsmann noch fehlte – die ideologische Überzeugung. Wie in vielen Kriegsgefangenenlagern gab es auch in Belgien eine Gruppe, die Vorlesungen organisierte. Schmidt geriet in den Bann des religiös geprägten Sozialisten Hans Bohnenkamp, der einen Vortrag über die „verführte Nation" hielt und allen Interessierten Basiswissen in Sachen Demokratie und Rechtsstaat weitergab. Für Schmidt stand schon im Lager fest, dass er baldmöglichst der SPD beitreten würde. Im Lager spaltete sich die Meinung. Viele nannten Bohnenkamp einen Nestbeschmutzer, andere schlugen sich auf seine Seite. Letztere wurden schon bald von den Engländern freigelassen. Und so kam

Die Tage danach: Abfallberge in einem Wohnviertel in Hamburg-Wilhelmsburg während der Aufräumarbeiten am 22. Februar, fünf Tage nach der verheerenden Sturmflut. Die eingesetzten Soldaten waren noch tagelang vor allem mit Deichreparaturen beschäftigt.

Innensenator Helmut Schmidt (l.) und Oberstleutnant Hans Busch (2. v. l.) am 3. Dezember 1962 in der Litzmann-Kaserne in Hamburg-Wandsbeck bei der feierlichen Verleihung der Dankesmedaille der Freien Hansestadt Hamburg an die Soldaten für deren Einsatz während der Flutkatastrophe im Februar 1962.

Helmut Schmidt in den Genuss, seine Frau schon 1945 wiedersehen und auch noch studieren zu können.

Schmidt entschied sich für Volkswirtschaftslehre, weil das von ihm angestrebte Studium der Architektur zu viel Zeit in Anspruch genommen hätte – außerdem hätte er dafür Hamburg auch schon wieder verlassen müssen.

Bis zuletzt hat Helmut Schmidt immer wieder das Thema Kriegsschuld thematisiert. In seinen Büchern, in Interviews und Essays gab er zu verstehen, dass er von den Gräueltaten in den Konzentrationslagern erst nach 1945 erfahren hatte. Doch Schmidt setzte sich mit dieser Problematik auch philosophisch auseinander. Er kam dabei zu dem Schluss, dass es keine kollektive Schuld geben könne, jedoch eine Schuld des Einzelnen im Sinne des Kantschen Imperativs. Schmidt vertrat aber auch die Meinung, dass Kant den Krieg nicht als Maßstab angelegt haben konnte – denn im Krieg ist Nächstenliebe unmöglich.

Helmut Schmidt wurde so als Politiker auch zum Symbol der deutschen Vergangenheitsbewältigung, oder besser: der Nichtbewältigung. Er selbst konnte mit

diesem Begriff nämlich wenig anfangen. Er schrieb: „Ich denke, für die meisten Deutschen, die den Krieg miterlebt haben, war danach nicht mehr viel zu bewältigen; denn die Erkenntnis von Unrecht und Schande und von der Sinnlosigkeit der Millionen Menschenopfer ist ihnen bald nach Kriegsende unabweisbar geworden."

Schmidt und die SPD

Bereits im Mai 1946 wurde Schmidt SPD-Mitglied und beteiligte sich maßgeblich am Aufbau der neuen Parteistrukturen. Im Sozialistischen Deutschen Studentenbund (SDS) lernte er nach eigener Aussage vor allem, wie man gute Reden hält. Er wurde auch in den Bundesvorstand des SDS gewählt, distanzierte sich aber bald wieder von der Vereinigung, die ihm offensichtlich nicht pragmatisch genug agierte.

Im Studium lernte Schmidt bereits Karl Schiller kennen, seinen späteren Vorgänger im Bundesfinanzministerium. Er sollte auch sein erster Chef in einem politischen Amt werden: 1961 wurde Schmidt Hamburger Vekehrsdezernent. In diesem vergleichsweise „unideologischen" Amt machte Schmidt bereits von sich Reden. An seinem 90. Geburtstag hieß es in der

Erneuter Wechsel: Innensenator Schmidt gibt auf einer Pressekonferenz am 27. September 1965 bekannt, dass er sein Bundestagsmandat annehmen und noch in diesem Jahr nach Bonn wechseln werde. Dieses hatte er Anfang 1962 niedergelegt, um Innen-/Polizeisenator zu werden – gut einen Monat vor der Flutkatastrophe.

Nächtliche Einigung: Willy Brandt (SPD, links im Bild), Helmut Schmidt (SPD, 2. v. l.) und CDU/CSU-Kanzlerkandidat Kurt Georg Kiesinger besiegeln um vier Uhr morgens die erste Große Koalition der Bundesrepublik. An jenem 30. November 1966 wurden in einer sechsstündigen nächtlichen Sitzung die nötigen Übereinstimmungen in Personen- und Sachfragen getroffen. Kanzlerkandidat Kiesinger trat dann vor die Journalisten und verkündete, man habe sich auf eine Kabinettsliste geeinigt. Helmut Schmidt war wegen der Erkrankung Fritz Erlers zu diesem Zeitpunkt kommissarischer Fraktionsvorsitzender, nach dessen Tod übernimmt er dieses Amt offiziell. So beginnt auch eine langjährige Freundschaft mit Rainer Barzel, der den Fraktionsvorsitz für die CDU/CSU übernimmt.

ZEIT: „In dem 1954 von ihm mit herausgegebenen Wegweiser durch die Verkehrswirtschaft und ihre Ordnung erwies er sich bereits als überzeugter Pragmatiker, weil er im dogmatischen Streit `zwischen Eisenbahn-Weltanschauung und Kraftverkehrsideologie` sachbetonte Orientierung bieten wollte."

Schmidt mochte Journalisten lange Zeit nicht besonders, doch er verstand es, sich in Szene zu setzen. Schon bald war in der SPD klar: An ihm führt kein Weg vorbei.

Bild unten:
Helmut Schmidt und Herbert Wehner am 30. November 1966 während der letzten SPD-Fraktionssitzung vor der Regierungsbildung der Großen Koalition. Schmidt und Wehner waren Weggefährten, die sich jedoch nicht immer gut verstanden.

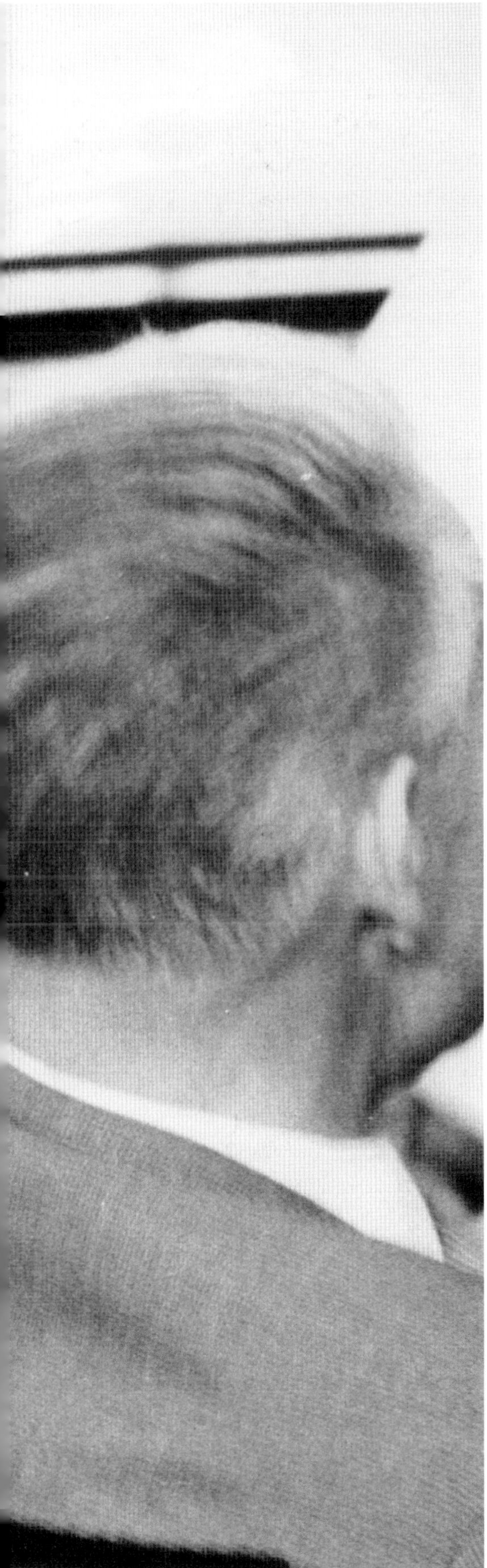

Und größere Aufgaben folgen schon bald. Über die Landesliste Hamburg wurde er 1953, im Alter von 34 Jahren, in den Deutschen Bundestag gewählt, vier Jahre darauf dann als Direktkandidat. Während seiner dritten Legislaturperiode ging er allerdings als Senator zurück nach Hamburg. Eine Entscheidung, die womöglich Tausenden Menschen das Leben rettete.

Denn Helmut Schmidt war Innensenator, damals Polizeisenator genannt, als die Elbstadt von einer der größten Naturkatastrophen der deutschen Nachkriegsgeschichte heimgesucht wird. Am Abend des 16. Februar 1962 befand sich Schmidt

Bild links:
Der Fraktionsvorsitzende Helmut Schmidt während der ersten Lesung der Notstandsverfassung am 29. Juni 1967 im Bundestag, im Gespräch mit Parteifreunden.

Bild unten:
Helmut Schmidt während der „Starfighter"-Debatte am 24. März 1966 im Bonner Bundestag.

gerade bei einem Innenministertreffen in Berlin, als er von der Tragweite der Sturmflut erfuhr. Er reiste sofort zurück nach Hamburg und übernahm die Leitung des Krisenstabs. Gleichzeitig war es von Vorteil, dass Schmidt bereits Abgeordneter in Bonn gewesen war. Mit Verteidigungsangelegenheiten vertraut, kannte er, national wie international, die wichtigsten Personen persönlich, die nötig waren, um so pragmatisch wie möglich vorzugehen.

Schmidt entschied sich, die Bundeswehr einzusetzen – obwohl dies verfassungsrechtlich nicht erlaubt war. Auch die Royal Air Force kommt zur Hilfe. Zu diesem Zeitpunkt war die Situation in Hamburg und der weiteren Umgebung so chaotisch, dass bereits mehrere Tausend Tote befürchtet wurden. Dass am Schluss „nur" 340 Opfer zu beklagen sind, war vor allem Schmidts rigorosem Eingreifen zu verdanken.

Doch selbst in dieser Situation zeigte sich, dass Schmidt niemals die Wirkung der Medien unterschätzte – er war damit seiner Zeit voraus. Ein Kamerateam begleitete ihn bei der Koordination der Rettungsmaßnahmen, und natürlich wurde Schmidt so zu einem der beliebtesten Hamburger überhaupt.

Schmidt blieb bis Ende 1965 in Hamburg, um dann wieder in den Bundestag zu wechseln. Gerne wäre er Hamburger Parteichef geworden, doch das wurde ihm verwehrt. Sein damaliger innerparteilicher Kontrahent Herbert Wehner wollte verhindern, dass der charismatische Schmidt von Hamburg aus „querschießt" gegen die Beschlüsse aus Bonn.

Dass er querschießen konnte, hatte er bereits unter Beweis gestellt. Nichts und we-

Bild links: Bundesverteidigungsminister Helmut Schmidt (2. v. l.) mit Oberstleutnant Wolf Dietrich von Drabich-Wächter (l.) beim Abschreiten der Ehrenformation bei der Bundeswehr-Garnison Ebern. Den Anhängern der anti-militaristischen Strömungen innerhalb der SPD erschien Schmidts Nähe zur Bundeswehr als nicht parteikonform. Ende der 1950er Jahre war er auch wegen der Teilnahme an einer Wehrübung aus dem Vorstand der Bundestagsfraktion gewählt worden. Schmidt machte sich schon zu dieser Zeit einen Namen als ausgewiesener Sicherheitsexperte, unter anderem mit dem Buch „Verteidigung oder Vergeltung", in dem er Maßstäbe für eine zukünftige Verteidigungspolitik in ganz Europa setzt.

Bild links: Außenminister Walter Scheel (l.), Helmut Schmidt (M., damals Finanzminister) und Bundeskanzler Willy Brandt erwarten am 11. Mai 1973 auf der Regierungsbank im Bonner Bundestag das Abstimmungsergebnis über den Grundlagenvertrag mit der DDR. Der Vertrag wird mit 268 Ja-Stimmen gegen 217 Nein-Stimmen angenommen. Das von Egon Bahr (BRD) und Michael Kohl (DDR) ausgehandelte Vertragswerk regelt die Grundlagen der Beziehungen zwischen den beiden deutschen Staaten. Am selben Tag wurde auch in abschließender Abstimmung der Beitritt der Bundesrepublik in die Vereinten Nationen beschlossen. Auf der Basis des Grundlagenvertrags führte Schmidt, später als Kanzler, seine Entspannungspolitik weiter – unter anderem bei Zusammenkünften mit DDR-Staats- und Parteichef Erich Honecker und dem Abschluss der Helsinki-Schlussakte im Jahr 1975.

nig konnte ihn von seiner Meinung abbringen, sobald er sie einmal gefunden hatte. Er wandte sich schon als gewöhnlicher Abgeordneter mit deutlichen Worten gegen die weitere Militarisierung Deutschlands, und kritisierte dabei vor allem Konrad Adenauer und Franz Josef Strauß besonders scharf. Aus dieser Zeit stammt der Spitzname, der dem Hamburger wohl schon lange gebührte: „Schmidt-Schnauze".

Als sich 1966 die Große Koalition formte, sollte Schmidt Verkehrsminister werden, was er allerdings ablehnte. Als Firtz Erler starb, übernahm Schmidt den Bonner Fraktionsvorsitz, was ihm, wie er später sagte, in seiner gesamten politischen Laufbahn am meisten Spaß bereitet habe. Mit dem Ende der Großen Koalition 1969 wurde Schmidt, der zu diesem Zeitpunkt bereits international beachtete Bücher zur Verteidigungs- und Abschreckungspolitik geschrieben hatte, Verteidigungsminister auf der Hardthöhe.

Schmidt profilierte sich bald als Hardliner in Sachen Verteidigungspolitik, und er konnte sein Profil weiter schärfen, als er kurzzeitig „Superminister" wurde und auch noch das Amt des Finanzministers übernahm. Schmidt galt spätestens seit dieser Zeit als ausgewiesener Experte für nationale wie internationale Finanzpolitik – und kritisierte bis zuletzt beispielsweise auch die Umstände, die 2009 zur Finanzkrise führten, wobei sein Wort immer politisches Gewicht hatte.

Als dann noch der persönliche Referent des Bundeskanzlers mit Namen Günter Guillaume als DDR-Spion enttarnt wurde, war es schnell ausgemachte Sache, dass der einstige Junge aus dem kleinbürgerlichen Barmbek der nächste Bundeskanzler werden sollte.

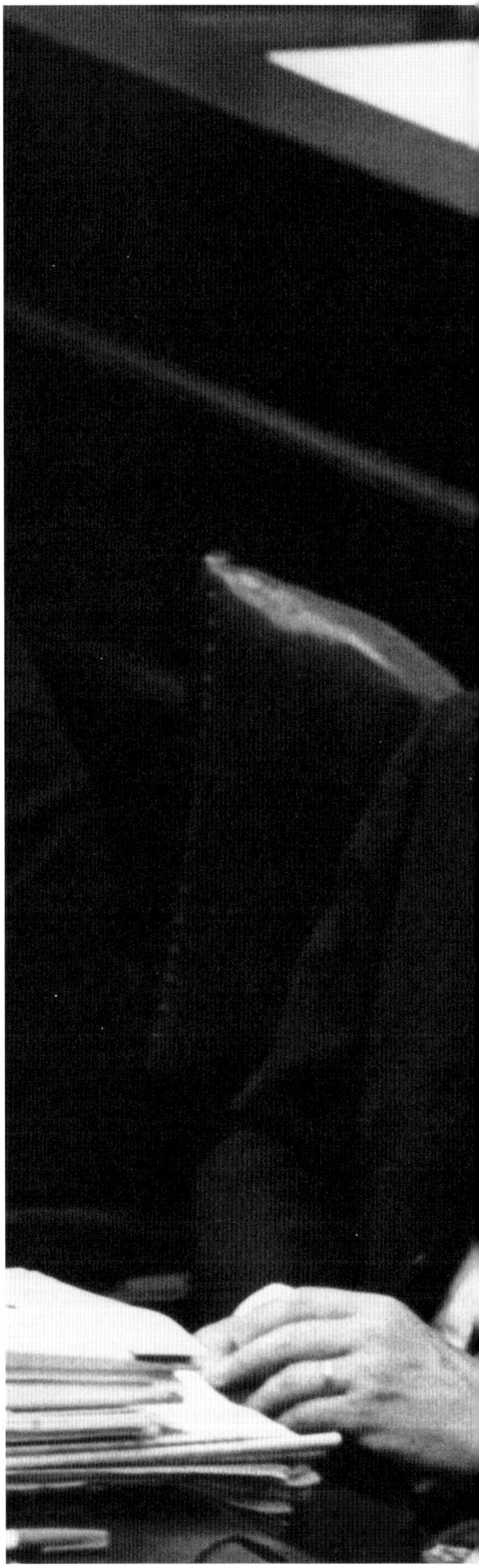

DIE ÄRA SCHMIDT

Schmidt wird Kanzler

Leichter als bei den Kanzlerwechseln in der Union fiel es der Koalition, einen Nachfolger für Brandt zu finden. Es bestand kein Zweifel, wer es werden müsste, denn Helmut Schmidt war die stärkste Figur im Kabinett – Brandt eingeschlossen. Der frühere Hamburger Innensenator, nunmehr Verteidigungs- und Finanzminister in Bonn, saß sozusagen schon in den Startlöchern, ohne allerdings den Termin zu wissen, an dem der Startschuss fallen würde. Man darf ihm nachsagen, nicht an Brandts Stuhl gesägt zu haben; die Entwicklung lief auf ihn hinaus, auch ohne die Affäre Guillaume.

Als Schmidt mit dem Votum der tragenden Kräfte der Koalition am 16. Mai 1974 Bundeskanzler wurde, war auch der Wechsel im zweitwichtigsten Regierungsamt beschlossene Sache. Hans-Dietrich Genscher wurde Vizekanzler und Außenminister an Stelle von Walter Scheel, der am Tag davor zum vierten Bundespräsidenten gewählt worden war.

Der neue Bundeskanzler und stellvertretende SPD-Vorsitzende Helmut Schmidt durfte beruhigt auf doppelten Flankenschutz vertrauen: Wehner zur Linken, Brandt zur Rechten. Wehner hatte die Fraktion fest im Griff, Brandt blieb der große Vorsitzende. Er führte weiterhin die Partei und ersparte dem ideologiefremden Pragmatiker im Kanzleramt, sich mit den Flügeln und Fraktionen der schwierigen alten Sozialdemokratie zu plagen. Helmut Schmidt selbst sollte übrigens nie Parteichef werden.

Das neue Dreigespann Schmidt-Wehner-Brandt sorgte für übersichtliche Kompetenzverteilung. Im Nachbarhaus FDP schien der Übergang von Walter Scheel zu Hans-Dietrich Genscher ebenfalls reibungslos zu verlaufen. So konnte die Arbeit im Kanzleramt als ungeteilte „Regierungsarbeit" beginnen.

Doch diese war sogleich mit Problemen belastet. Die drastischen Ölpreis-Erhöhungen der arabischen Erzeugerländer überschatteten zunächst alle anderen Aufgaben. Die ZEIT schrieb später im Rückblick, in den

Bild linke Seite: Helmut Schmidt wird Bundeskanzler. Einer der ersten Gratulanten ist Willy Brandt, der zuvor zurückgetreten war.

Bild unten: Der neugewählte Bundeskanzler Helmut Schmidt nimmt am 16. Mai 1974 in der Villa Hammerschmidt in Bonn von Bundespräsident Gustav Heinemann (r.) die Ernennungsurkunde entgegen.

Bild links:
Schmidts Kabinett: Im Oktober 1976 wird die rot-gelbe Regierung erstmals vom Volk im Amt bestätigt. Am 15. Dezember stellt Schmidt das neues Kabinett vor: Vorne v. l. n. r.: Egon Franke (Innerdt. Beziehungen), Georg Leber (Verteidigung), Bundespräsident Walter Scheel, Bundeskanzler Schmidt, Hans-Dietrich Genscher (Außen), Hans Apel (Finanzen), Hans Matthöfer (Forschung).
Oben v. l. n. r.: Helmut Rohde (Bildung u. Wissenschaft), Karl Ravens (Bau), Antje Huber (Jugend, Familie u. Gesundheit), Kurt Gscheidle (Verkehr), Josef Ertel (Ernährung, Landwirtschaft u. Forsten), Marie Schlei (Wirtschaftl. Zusammenarbeit), Hans-Jochen Vogel (Justiz), Werner Maihofer (Innen), Herbert Ehrenberg (Arbeit u. Sozialordnung), Hans Friderichs (Wirtschaft).

Helmut Schmidt (l.) empfängt den Arbeitgeberpräsidenten Hanns-Martin Schleyer – seit Januar 1977 auch Präsident des Bundesverbandes der Industrie – im Bundeskanzleramt in Bonn. In „Weggefährten" schrieb Helmut Schmidt, dass ihn die Entführung Schleyers auch persönlich schwer getroffen habe.

westlichen Industrieländern sei das „weitverbreitete Gefühl unbegrenzten Wachstums zum ersten Mal nachhaltig erschüttert worden". Zum ersten Mal änderte sich die ökonomische Grundeinstellung, es entwickelte sich ein Sinn für Sparsamkeit und Schonung der Reserven. Bis dahin hatten nur einige Weiterblickende, wie die Wissenschaftler des „Club of Rome", warnend darauf aufmerksam gemacht, dass die Rohstoffreserven bald erschöpft sein würden, wenn die Industriegesellschaft im bisherigen Stil weiterlebte und die „Grenzen des Wachstums" – so der Buchtitel des Clubs von 1972 – ignorierte.

In dieser Lage geschah es, dass die erdölexportierenden arabischen Staaten den arabisch-israelischen Jom-Kippur-Krieg vom Oktober 1973 zum Anlass genommen hatten, Erdöl als politische Waffe zu nutzen, um die westlichen Verbündeten und Freunde Israels in die Knie zu zwingen; die Ölproduktion wurde so weit gedrosselt, dass die Bezieher drastisch erhöhte Preise zahlen mussten.

Helmut Schmidt beging seinen Amtsantritt ein gutes halbes Jahr nach dem Waffenstillstand. Die deutsche Öffentlichkeit vertraute weithin darauf, dass gerade er imstande sein würde, mit den Herausforderungen an die deutsche Volkswirtschaft fertig zu werden. Wenn Willy Brandt in seiner abwägenden Art zu formulieren und seinem grüblerischen Ernst eine etwas hamlet-hafte Sinnesweise des Zögerns und der Unentschlossenheit erkennen ließ, so hatte der Nachfolger das Image des „Machers".

Schon bald wurde eine Verschiebung in den Gewichtungen offenkundig. Die Phase der Ostverträge konnte seit der Aufnahme der beiden deutschen Staaten in die Vereinten Nationen (September 1973) weithin als abgeschlossen gelten, abgesehen von den innerdeutschen Beziehungen und dem Bedürfnis in Bonn, die Mauer durchlässiger zu machen. Nun war es also 1973/74 durch die „Ölkrise" zur schwersten Belastung der Weltwirtschaft seit 1929 gekommen. Auch die Bundesrepublik Deutschland bekam das zu spüren.

Zum ersten Mal in der Geschichte musste sie gleichzeitig gegen eine hohe Preissteigerungsquote und gegen eine hohe Arbeitslosenrate angehen. Es gelang Helmut Schmidt unter Einsatz erheblicher staatlicher Mittel, mit mehreren Konjunkturprogrammen das Wirtschaftswachstum zu stabilisieren und die jährliche Preissteigerung von sieben Prozent im Jahr 1974 auf weniger als drei Prozent im Jahr 1978 zu senken. Damit war eine wichtige Voraussetzung zur Bekämpfung der Arbeitslosigkeit geschaffen. Der Volksökonom Schmidt hatte schon 1972 in einem Interview mit der Süddeutschen Zeitung gesagt: „Mir scheint, dass das deutsche Volk –

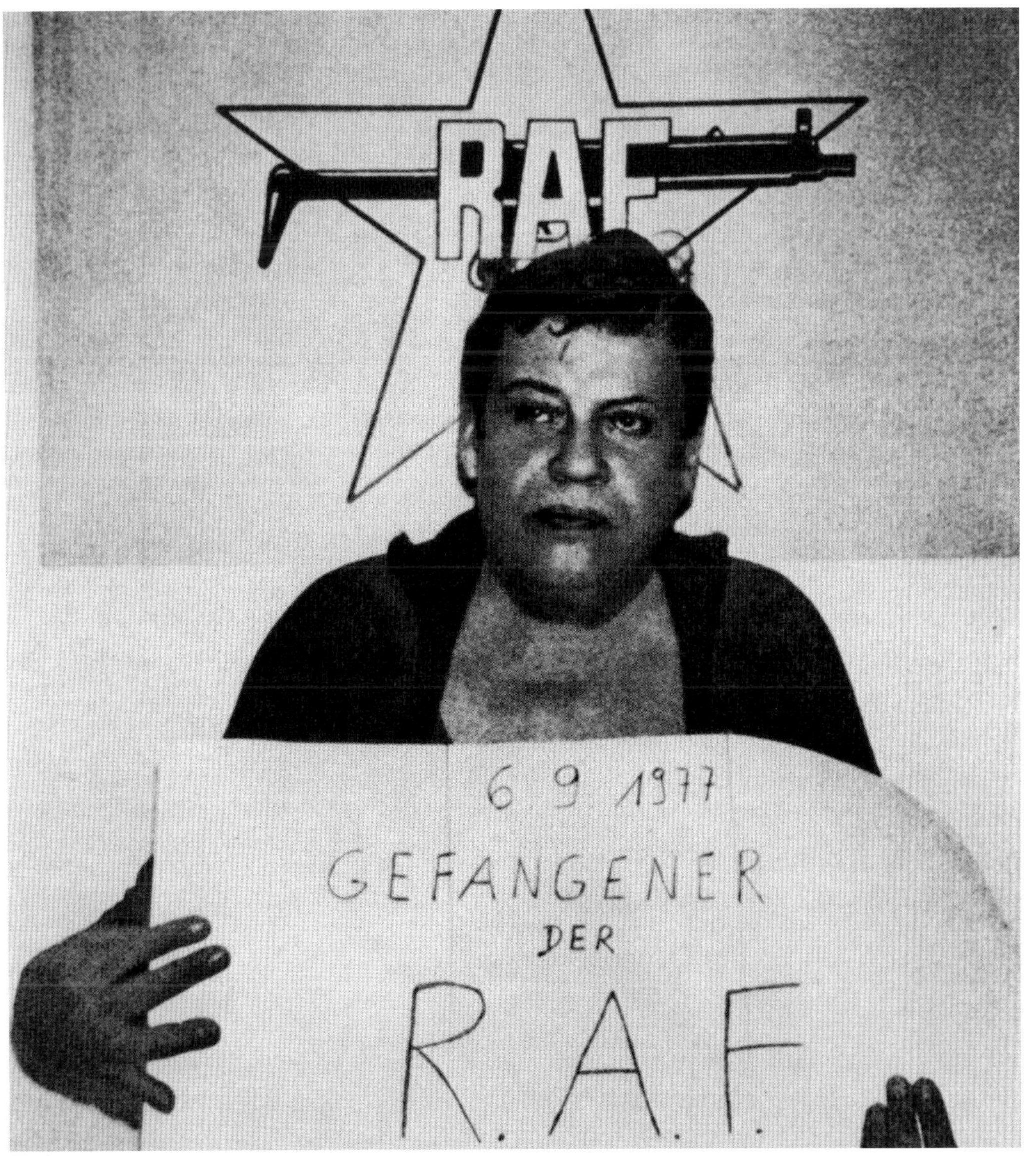

Das Bild, das Deutschland schockt: Am 5. September 1977 entführt die RAF in einem brutalen Komplott den Arbeitgeberpräsidenten Hanns-Martin Schleyer. Helmut Schmidt erfährt davon nur eine halbe Stunde später, doch sein Entschluss steht schnell fest: Die elf Terroristen, die damit freigepresst werden sollen, werden nicht ausgetauscht. Es folgt ein Nervenkrieg zwischen RAF und der Bundesregierung, die hofft, dass Schleyer von den Fahndern gefunden wird. Tatsächlich klingelte, wie man später herausfand, ein Beamter an der Wohnung in einem Kölner Hochhaus, wo Schleyer bis Mitte September festgehalten wurde. Die Entführer brachten ihn dann nach Den Haag und später nach Brüssel. Nach der Erstürmung der Passagiermaschine „Landshut" am 18. Oktober wird Schleyer einen Tag später erschossen in einem im Elsass geparkten Auto gefunden.

Gratulation: Kurz nach der Erstürmung der Landshut durch die GSG 9 empfängt Helmut Schmidt den Einsatzleiter Ulrich Wegener. Der Sondereinheit wird dabei das Bundesverdienstkreuz für die Befreiung von 86 Geiseln verliehen. Die GSG 9 einzusetzen hatte Schmidt schon früh nach der Entführung der Lufthansa-Maschine entschieden.

zugespitzt – 5 % Preisanstieg eher vertragen kann, als 5 % Arbeitslosigkeit." 1978 dann sank die Arbeitslosenzahl erstmals seit 1974 wieder unter die Millionen-Grenze.

Nicht stetig, aber oft spürbar, sollte die gesamte Regierungszeit Schmidts unter den Belastungen des Öls als politische Waffe stehen. Doch der „Macher" beherrschte das Krisenmanagement meisterhaft: Unter dem Strich erwies sich die Bundesrepublik Deutschland in der krisenreichen Ära Schmidt als einer der stabilsten Staaten der Welt. Deshalb brachte der Kanzler mit der Lotsenmütze das Kunststück fertig, in einer durch die Explosion der Ölpreise und durch den Inflationsdruck wirtschaftlich und auch innenpolitisch immer schwieriger gewordenen Zeit trotz allem der SPD über die Bundestagswahlen von 1976 und 1980 erfolgreich hinwegzuhelfen. Dabei ging Schmidts Popularität weit über die seiner Partei hinaus.

Doch auch im Innern wurde die Stabilität der Bundesrepublik zunehmend auf eine harte Probe gestellt, eine, die Helmut Schmidt persönlich viel mehr fordern sollte als die internationale Wirtschaftslage.

Der deutsche Vor-Herbst

Helmut Schmidt war der erste Bundeskanzler, der sich intensiv mit dem Phänomen des Terrorismus auseinandersetzen musste. Im Juni 1972 war die Kernmannschaft der „ersten Generation" der Roten-Armee-Fraktion (RAF) hinter Schloss und Riegel gesetzt worden: Andreas Baader, Ulrike Meinhof,

Gudrun Ensslin, Holger Meins und Jan-Carl Raspe. Zweieinhalb Jahre später, noch vor Prozessbeginn, starb der inhaftierte Holger Meins nach zweimonatigem Hungerstreik. Der Freitod durch Nahrungsverweigerung setzte eine erneute Welle von Gewalttaten in Gang. Schon am nächsten Tag wurde der Berliner Kammergerichtspräsident Günter von Drenkmann erschossen (10. November 1974). Ende Februar 1975 entführten Mitglieder einer Terrorgruppe den Berliner CDU-Vorsitzenden Peter Lorenz und stellten ein Ultimatum: Entlassung von fünf Häftlingen (unter denen keiner der oben aufge-

Gerettet: Auch die Chefstewardess der „Landshut", Gabriele Dillmann (später: von Lutzau), die bei der Befreiungsaktion am Bein verletzt wurde, erhält das Bundesverdienstkreuz. Sie hatte während der fünftägigen Entführung den Passagieren viel Mut zugesprochen und womöglich auch Schlimmeres verhindert. Daraufhin wurde sie als „Engel von Mogadischu" bekannt, obwohl sie selbst diesen Begriff nicht mochte. Aus dem Cockpit hatte sie sich noch mit einem Funkspruch direkt an Schmidt gewandt: „Ich habe nicht gewusst, dass es Menschen in der deutschen Regierung gibt, die mitverantwortlich sind. Ich hoffe, Sie können mit dieser Schuld auf Ihrem Gewissen leben."

Bild rechts:
Trauer: Zwischen der Witwe und dem Sohn von Hanns-Martin Schleyer kann Helmut Schmidt auf der Trauerfeier die Tränen nicht mehr zurückhalten. Mehr als 20 Jahre danach sagte Schmidt, dass dies einer der traurigsten Momente seiner Karriere gewesen sei. In einem Interview mit der ZEIT sagte Schmidt zu der Frage seiner eigenen Schuld am Tode Schleyers: „Das war mir immer klar. Das war mir auch klar in den ganzen Wochen, in denen wir ihn gesucht haben. Wenn es nicht gelingt, bist du selbst mitschuldig."

zählten Täter genannt wurde), die mit einer Lufthansa-Maschine ins Ausland geflogen werden sollten. Die Bundesregierung gab der Erpressung nach und sollte es bald bereuen. Später kam heraus, dass Schmidt am Tag der Entscheidung, auf die Erpressung einzugehen, krank gewesen war. Peter Lorenz kam wieder frei, die fünf Terroristen verschwanden samt Pässen und 120 000 Mark in die Volksdemokratische Republik Jemen. Es blieb die einzige erfolgreiche Erpressung in der Geschichte der RAF.

Keine zwei Monate später stürmten Gesinnungsgenossen die deutsche Botschaft in Stockholm und nahmen Geiseln. Diesmal blieb die Regierung gegenüber den Forderungen – der Freigabe von 24 Mitgliedern der Baader-Meinhof-Gruppe – unnachgiebig, musste aber den Tod zweier Geiseln hinnehmen; außerdem ging das Botschaftsgebäude in Flammen auf. Fünf Terroristen wurden festgenommen, ein weiterer getötet.

Nach dieser verschärften Kampfansage an den Rechtsstaat verlief das Jahr 1976 vergleichsweise friedlich ab. Allerdings nahm sich Ulrike Meinhof das Leben, und vier weibliche Häftlinge konnten aus dem Berliner Frauengefängnis in der Lehrter Straße fliehen. In Stuttgart-Stammheim wurde mittlerweile – seit dem Mai 1975 – gegen die Terroristen Baader, Ensslin und Raspe verhandelt. Dass es dreimal lebenslänglich geben würde, war zu erwarten und geschah dann auch. Ebenso erging es in einem anderen Prozess vier der fünf Attentäter von Stockholm.

Der Deutsche Herbst – eine Regierung im Ausnahmezustand

Das Jahr 1977 markierte allerdings den bis heute härtesten Zusammenprall zwi-

Man kommt sich näher: DDR-Staats- und Parteichef Erich Honecker (links) und Helmut Schmidt (r.) haben aufgrund der alphabetischen Sitzordnung bei der KSZE-Konferenz in Helsinki 1975 Gelegenheit, sich auszutauschen. Auch bei der Unterzeichnung der Schlussakte treten die beiden Regierungschefs gemeinsam auf.

schen terroristischer Gewalt und rechtsstaatlicher Macht der deutschen Staatsgeschichte. Das erste prominente Opfer des Jahres war Generalbundesanwalt Siegfried Buback im April. Die gezielten Schläge gegen Repräsentanten des Staates und des „Kapitals" trafen kurz darauf auch den Vorstandssprecher der Dresdner Bank, Jürgen Ponto.

Am 5. September lauert dann ein Mörderkommando in Köln dem Präsidenten des Bundesverbandes der Deutschen Industrie auf. Der Wagen des 62-jährigen Hanns-Martin Schleyer wird mit Salven aus Maschinenpistolen gestoppt, der Fahrer und die drei begleitenden Sicherheitsbeamten sterben im Kugelhagel. Schleyer wird aus dem Wagen gezerrt und entführt. Seine Lage ist verzweifelt, weil die Bundesregierung es strikt ablehnt, auf die Forderungen der „Roten-Armee-Fraktion" einzugehen: Freilassung von elf inhaftierten Mitgliedern und die Ausreise in ein Land ihrer Wahl, versehen mit je 100.000 Mark.

Helmut Schmidt und das ganze Krisenmanagement aus Regierung und Opposition sind sich einig, dass es keinen zweiten Fall Lorenz geben darf. Natürlich kann dies in der gegebenen Lage nicht offen und mit aller Deutlichkeit gesagt werden - der Ge-

Die Maschine unter dem Flugkapitän Jürgen Schumann muss weiter im Mittelmeerraum irrlichtern: nach Bahrain, nach Dubai. Trotz verweigerter Landeerlaubnis und gesperrter Landebahn landet das Flugzeug wegen Treibstoffmangels in Aden. Aber das Fahrwerk hat wohl gelitten, ein Schaden, der Schumann noch zum Verhängnis wird.

In Bonn ist die Regierungsarbeit so gut wie lahmgelegt. Schmidt wird nun klar, dass er sich in den schwierigsten und dramatischsten Augenblicken seiner politischen Laufbahn befindet. Schleyer erinnert unfreiwillig in einem Videoband daran, dass er nun fünfeinhalb Wochen in der Haft der Terroristen sei und erklärt vorwurfsvoll, dass dies nur geschehen sei, „weil ich mich jahrelang für diesen Staat und seine freiheitlich-demokratische Ordnung eingesetzt und exponiert habe". Schmidt und Schleyer kannten sich übrigens gut, wenn sie auch nicht enger befreundet waren.

Zu gleicher Zeit trifft aus der Gegenrichtung die beschwörende Mahnung des Flugkapitäns ein: „Das Leben von 91 Männern,

Zusammenkunft in Helsinki (v. l. n .r.): Der britische Premierminister Harold Wilson, US-Präsident Gerald Ford, der französische Staatspräsident Valéry Giscard d'Estaing und Bundeskanzler Helmut Schmidt am Rande des Gipfeltreffens. 35 Staaten Europas und Nordamerikas unterzeichnen am Ende die Schlussakte, die den Ostblock verpflichtet, Zugeständnisse bei Menschenrechten zu machen. Gleichzeitig werden aber die Grenzen der Nachkriegsordnung anerkannt.

fangene hatte kaum mehr eine Chance. Erst viel später erklärte Schmidt, dass sowohl er als auch seine Frau im September 1977 schriftlich festhielten, im Falle ihres Kidnappings nicht ausgetauscht werden zu wollen, oder besser: zu dürfen.

Der Krisenstab hält die Terroristen weiter hin und hofft auf einen Fahndungserfolg. Am 38. Tag der Krise dann aber der Schock: Die Lufthansa-Maschine „Landshut" mit 91 Insassen wird auf dem Weg von Mallorca nach Frankfurt von einem arabischen Terrorkommando zur Kursänderung nach Rom, von da nach Zypern gezwungen. Es ist der 13. Oktober.

Im Park des Bonner Kanzleramtes empfängt Helmut Schmidt am 9. Juli 1975 den israelischen Ministerpräsidenten Izchak Rabin mit militärischen Ehren. Es ist der erste Besuch eines israelischen Regierungschefs in der Bundesrepublik, nachdem zwei Jahre zuvor Bundeskanzler Willy Brandt Israel besucht hatte. Rabin hatte als Gastgeschenke einen antiken Stoff mitgebracht, für Schmidts Ehefrau Loki, die Darstellung der Arche Noah. Rabin, dessen Besuch unter hohen Sicherheitsvorkehrungen stattfand, besuchte auch West-Berlin und besichtigte dort die jüdische Gemeinde und Gedenkstätten für die Opfer des Nationalsozialismus. Anschließend traf er dann über vier Tage hinweg deutsche und amerikanische Spitzenpolitiker in Bonn.

Frauen und Kindern an Bord des Flugzeuges hängt von Ihrer Entscheidung ab. Sie sind unsere letzte und einzige Hoffnung."

An Nachgeben, wie der Tonfall beider Hilferufe es im Grunde erhofft, denkt auch jetzt niemand im Bonner Krisenstab – und darf auch niemand, ungeachtet aller möglichen Folgen; neuen Anschlägen wären Tür und Tor geöffnet. Doch die palästinensischen Entführer gewähren nur kurzfristige Ultimaten. Wie die einzelnen Vorschläge und Meinungen in der Kanzlerrunde aussehen, wird man vielleicht viel später, vielleicht nie erfahren. Jede Ansicht wird gehört, erörtert, abgewogen. Klar ist, dass die letzte Entscheidung beim Regierungschef liegt, und keiner kann sie ihm abnehmen.

Bild unten: Helmut Schmidt (r.) und Polens Parteichef Edward Gierek (l.) am 2. August 1975 in Helsinki. Am Rande der KSZE-Konferenz beschließen Deutschland und Polen nach harten Verhandlungen, dass bis zu 125.000 deutschstämmige Polen ausreisen dürfen; Polen erhält einen Kredit von einer Milliarde Mark sowie einen Rentenausgleich von 1,3 Milliarden Mark.

Seine Entscheidung sieht so aus: Die Spezialtruppe GSG 9 (wörtlich: Grenzschutzgruppe, obwohl es in Wirklichkeit eine Antiterror-Einheit ist) soll die Boeing 737 stürmen und die Geiseln befreien, sobald sicher ist, dass sie nicht erneut weiterfliegt. Helmut Schmidt erzählt 30 Jahre später, dass er in dieser Zeit den seiner Meinung nach einzigen Rechtsbruch im Deutschen Herbst begangenen habe: Als die „Welt" nämlich die Meldung druckt, dass die GSG 9 schon unterwegs zu den Terroristen sei, habe er deren damaligen Chefredakteur dazu gezwungen, alle Ausgaben vor dem Erscheinen einstampfen zu lassen – und mit erheblichen Konsequenzen gedroht, falls dies nicht passiere.

Die schwere Spannung, die seit Tagen über dem ganzen Volk lastet, wächst sich ins Unerträgliche aus, als bekannt wird, dass die Entführer den Flugkapitän erschossen haben. Bisher war Jürgen Schumann mit seiner Gelassenheit und Fürsorge für die Passagiere der ruhende Pol im Gewirr der Ängste gewesen. Anscheinend hatten die Terroristen ihm verübelt, dass er bei einem kurzen Aufenthalt außerhalb der Maschine – um das Fahrwerk zu prüfen – Kontakte zum Flughafen-Personal aufgenommen hatte; vermutlich, um dem Tower nahezulegen, dass er einen Weiterflug „verbiete".

Danach muss der Kopilot erneut starten, und die Maschine der Lufthansa wird nach Mogadischu, der Hauptstadt Somalias, dirigiert. Es ist Montag, der 17. Oktober 1977; der Überfall ist bereits vier Tage her. Schmidt weiß: Hier muss es sich entscheiden.

Bonns Krisenmanager Hans-Jürgen Wischnewski, wegen seiner guten Beziehungen zur arabischen Welt »Ben Wisch« genannt, ist wenige Stunden später in seinem Büro. Die GSG 9 ist bereits auf dem Weg. Dafür hat Helmut Schmidt in einem langen Telefonat die Erlaubnis des somalischen Staatspräsidenten Mohammed Siad Barre erwirkt.

Wischnewski hält die Entführer mit der Versicherung hin, die freizugebenden deutschen Häftlinge seien bereits im Flugzeug nach Somalia unterwegs. Auf diese Weise gelingt es ihm, im Gespräch mit dem deutschkundigen Chef der vier Araber, das Ultimatum mehrfach zu verlängern. Die Drohung, die Maschine zu sprengen, hängt wie ein Damoklesschwert über der düsteren Szene und mahnt zur Eile. Währenddessen schleicht sich die deutsche Kampfeinheit, bei der einige britische Spezialisten mitwirken, an die Maschine heran, von der Dunkelheit geschützt. Es ist kurz vor Mitternacht. Ein letztes Mal wird die Aufregung im Kanzleramt noch größer, als Wischnewski telefonisch zwei Worte durchgibt: „Zehn Minuten".

Bild linke Seite:
Nah am Volk: Bei einer Veranstaltung in einem Bierzelt im September 1980 in Kempten genießt Helmut Schmidt seine große Popularität.

Bild unten:
An der Urne: Helmut Schmidt und seine Frau Loki bei der Stimmabgabe zu den Bundestagswahlen am 5. Oktober 1980. Schmidt siegt gegen seinen Herausforderer Franz-Josef Strauß (CSU).

Bild links:
Gruppenbild der Staats- und Regierungschefs der sieben führenden westlichen Industrienationen am 16.7.1978: (v. l. n. r.) Der Präsident der EG-Kommission Roy Jenkins, der japanische Ministerpräsident Takeo Fukuda, der italienische Ministerpräsident Giulio Andreotti, US-Präsident Jimmy Carter, Bundeskanzler Helmut Schmidt, der französische Staatspräsident Valéry Giscard d'Estaing, der britische Premierminister James Callaghan und der kanadische Premierminister Pierre Trudeau.

Margaret Thatcher, ab 1979 britische Premierministerin, empfängt Helmut Schmidt auf dem englischen Landsitz Chequers. Das Bild trügt: In vielen Punkten waren sich die Regierungschefs uneins, vor allem in der Frage des Umgangs mit der Sowjetunion.

Seine nächste Mitteilung lautet: „Die Arbeit ist erledigt."

Die Angreifer hatten eine Licht- und Tonbombe gezündet, die bei grellem Blitz ungeheuren Krach verursacht, jedoch ohne Explosionsdruck und Splitterwirkung, und dadurch die Angegriffenen für Momente völlig lähmt. In diesem Augenblick der Widerstandslosigkeit töteten sie drei Terroristen und nahmen den vierten verwundet gefangen. Auf deutscher Seite gab es keine Opfer. Helmut Schmidt, den nach eigenen Worten „so leicht nichts erschüttern kann", bricht in Tränen aus, als er die erlösende Mitteilung empfängt.

Die Befreiung von Mogadischu, das war ihm und seinen Ratgebern im selben Moment natürlich klar, ließ zwar aufatmen, würde aber noch dunkle Tage nach sich ziehen. Denn für Hanns Martin Schleyer bestand nun akute Lebensgefahr.

Die nächste Schreckensmeldung kam jedoch von unerwarteter Seite. Im Stammheimer Gefängnis wurden die lebenslänglich Verurteilten Andreas Baader, Gudrun Ensslin und Jan-Carl Raspe tot aufgefunden. Die Nachricht aus Mogadischu hatte ihnen alle Hoffnungen geraubt und sie zu einvernehmlichem, getrennt vollzogenem Selbstmord verleitet. Indem Baader seinen Freitod per Genickschuss ausführte, wollte er mit einer letzten Reaktion des Hasses die Legende der Ermordung stiften, obwohl kein Fachmann damit hinters Licht zu führen war. Aber tatsächlich gelang es ihm, bei leichtgläubigen Gesinnungsfreunden den erwünschten Eindruck zu verbreiten.

In der Kettenreaktion des Deutschen Herbstes setzte die Vergeltung an Schleyer den Schlusspunkt. Der 62-Jährige wurde umgebracht, seine Leiche nach Mülhausen im Elsass geschafft. Die entsetzte deutsche Öffentlichkeit musste folgende Verlautbarung zur Kenntnis nehmen: „Wir haben nach 43 Tagen Hanns-Martin Schleyers klägliche und korrupte Existenz beendet. Für unseren Schmerz und unsere Wut über die Massaker von Mogadischu und Stammheim ist sein Tod bedeutungslos ... Wir werden Schmidt und den ihn unterstützenden Imperialisten nie das vergossene Blut vergessen. Der Kampf hat erst begonnen."

Darüber ließ sich schon damals streiten. Nicht erst heute hat die Ansicht viel für sich, dass die Festigkeit der Regierung im Lager der Extremisten entmutigend gewirkt hat; dass zumindest Geiselnahmen als zwecklos eingeschätzt wurden. Die Folgetaten, nicht wenige, glichen eher Einzelaktionen von Desperados, die nicht mehr wie ihre Vorgänger glaubten, mit zentral gelenkten Operationen die verhasste demokratische Gesellschaft in die Knie zwingen zu können. Helmut Schmidt hatte den Terrorismus nicht besiegt, aber er hatte die vielleicht entscheidende Schlacht gewonnen.

Helmut Schmidt (r.), gemeinsam mit seiner Ehefrau Loki, empfangen im Jahr 1978 Englands Königin Elisabeth II. und ihrem Ehemann Prinz Philip (l.) zu einem viertägigen Besuch in Deutschland. Es war die letzte Visite der Queen vor der Wiedervereinigung.

Der chinesische Parteichef Hua Guofeng auf einem Deutschlandbesuch Ende Oktober 1979. Berühmt wurde diese Zusammenkunft mit Helmut Schmidt und seiner Frau Loki auch deshalb, weil Hua dem Bundeskanzler damals zwei Pandabären schenkte, die hernach im Berliner Zoo viele Besucher anlockten. Inhaltlich wurde ein Kulturabkommen zwischen den beiden Ländern abgeschlossen. Schmidt, der stets ein großes Interesse an Chinas Kultur und Geschichte gezeigt hatte, besuchte China selbst 15 Mal und traf dabei auch den „großen Steuermann" Mao Tse-tung kurz vor dessen Tod. Für den ehemaligen Parteichef Deng Xiaoping hatte Schmidt obendrein viel Respekt. Ihn bezeichnete er später als den wahrscheinlich erfolgreichsten kommunistischen Führer überhaupt.

Deutschland in der Welt

Dass Helmut Schmidt als Bundeskanzler in der Zwischenzeit weltweit Autorität gewonnen hatte, war nicht nur in seiner Standhaftigkeit gegenüber dem internationalen Terrorismus sowie seiner wirtschaftspolitischen Kompetenz begründet. Dem Westen war er ein verlässlicher, selbstbewusster Freund, dem Osten ein ebenso verlässlicher, selbstbewusster Partner. In Washington wie in Moskau stritt Schmidt zäh für die deutschen Interessen, die er mit dem Hauptinteresse der Welt verband: der Sicherung des Friedens und einer funktionsfähigen Weltwirtschaft.

Gleichzeitig wollte Schmidt aber das Gewicht Westeuropas im Spiel der Supermächte vergrößern und für den Kontinent mehr Unabhängigkeit erreichen. Dazu diente ihm eine betont gute Verständigung mit Frankreich. Mit Valéry Giscard d'Estaing (Staatschef 1974 – 1981) verband ihn ein nahezu freundschaftliches Verhältnis. Schmidt sah in der Verbindung Bonn-Paris den Kern eines eigenständigen Europa. Insofern ähnelte seine Vision auffallend derjenigen des CDU-Kanzlers Konrad Adenauer.

In der Weltpolitik wuchs die Bundesrepublik in den 70er Jahren zu einer gewichtigen Größe, die den Siegermächten auf Augenhöhe begegnete. Das zeigte beispielweise der westliche „Vierer-Gipfel" in Guadeloupe Anfang 1979, als der amerikanische Präsident, der deutsche Bundeskanzler, der französische Staatspräsident und der britische Premierminister gemeinsam über Grundfragen der westlichen Politik konferierten.

Das wachsende Selbstbewusstsein der Bundesrepublik, das von Helmut Schmidt verkörpert wurde, schlug sich außenpolitisch in einer steigenden Erwartung sowohl der westlichen Verbündeten und der europäischen Partner wie auch der östlichen Nachbarn nieder, die Deutschen möchten weltpolitische Verantwortung übernehmen. Die Sowjetunion hätte Schmidt gern als einen Makler zwischen Ost und West gesehen, doch er sah seine Rolle anders: als die eines Dolmetschers, der nichts mehr hasste als die Sprachlosigkeit zwischen zwei Supermächten, die über Wohl und Wehe der Menschheit befinden. Dies auch aus ureigenem deutschen Interesse: Jede Klimaverschlechterung zwischen Ost und West musste automatisch und unvermeidlich auf die deutsch-deutschen Beziehungen durchschlagen.

Die „deutsch-deutschen Beziehungen" in den 70er Jahren

„Bisher hatten wir keine Beziehungen, jetzt werden wir schlechte haben – und das ist der Fortschritt", hatte Egon Bahr nach Unterzeichnung des Grundlagenvertrages im Dezember 1972 gesagt. Das zeugte von nüchternem Sinn und kam – im Rückblick gesehen – der Wirklichkeit am nächsten. Natürlich hätte der Grundvertrag keinen Sinn gehabt, wenn nicht auch die DDR bereit gewesen wäre, einigen guten Willen zu einem erträglichen staatlichen Nebeneinander beizusteuern, schon um den Druck von innen nicht zu stark werden zu lassen. Auch konnte sie in ihrer Abhängigkeit von der Sowjetunion den freundlicheren Umgangston zwischen Bonn und Moskau nicht einfach ignorieren.

Dennoch gelangten die Beziehungen zwischen Bonn und Ostberlin nicht über Formen protokollarischer Höflichkeit hinaus. Schon dass die „Ständigen Vertre-

Bild linke Seite: Ostpolitik: Als eine seiner größten und wichtigsten Aufgaben hatte es Helmut Schmidt angesehen, Deutschland und Europa von der nuklearen Bedrohung zu befreien. Deshalb hatten Staatstreffen mit den sowjetischen Regierungschefs höchste Priorität. Am 4. Mai 1978 kam Leonid Breschnew nach Bonn, und das wichtigste Thema dabei war die Frage, ob die Sowjetunion dazu gebracht werden könnte, seine SS 20-Raketenträger abzurüsten, die Deutschland unmittelbar bedrohten. Das hartnäckige Nein der Sowjets führte letztlich zum überaus umstrittenen Nato-Doppelbeschluss, bei dessen Durchsetzung Schmidt viel Sympathie in der Bevölkerung einbüßte. Das Treffen mit Breschnew in Schmidts Privathaus in Hamburg wurde trotzdem legendär: Breschnew trank Wodka aus Wassergläsern und hinterließ im Bad Ampullen von Aufputschmitteln, die Loki tags darauf fand.

tungen" an beiden Regierungssitzen (im März 1974) eben nur so und nicht anders genannt wurden, ließ den klaffenden Gegensatz in der beiderseitigen Sichtweise erkennen. Die Bundesrepublik konnte aus ihrem Eigenverständnis (von der im Grunde nur zwangsgeteilten Nation) heraus nicht bereit sein, die DDR als „Ausland" anzusehen – wie jene es wünschte und in allen Formalien des Reiseverkehrs auch umgekehrt handhabte. Bonn lehnte daher die Einrichtung von „Botschaften" ab und stand damit, selbst wenn der Unterschied nur verbaler Natur ist, im Einklang mit der Präambel des Grundgesetzes.

In den 70er Jahren forcierte die DDR den Anspruch, eine eigene sozialistische Nation zu sein. Das Eigenschaftswort „deutsch" wurde als lästig empfunden, nur dass man es leider aus dem Staatsnamen nicht tilgen konnte. Wenigstens aber verschwand es aus der Verfassung. 1949 stand dort noch geschrieben: „Deutschland ist eine unteilbare demokratische Republik, sie baut sich auf den deutschen Ländern auf ... Es gibt nur eine deutsche Staatsangehörigkeit."

Gemessen an der Ära Ulbricht wurden unter Erich Honeckers weniger rigorosem Herrschaftskurs die Lebensverhältnisse erträglicher. Auch die Bewusstseinslage der DDR-Bürger hatte sich durch den Zwang zur Anpassung, zum Bleibenmüssen, bereits geändert. Man arrangierte sich. Den weltanschaulich verlorenen Boden konnte die DDR-Führung allerdings nicht zurückgewinnen, so sehr sie sich auch mühte, schon in den Schulen mit vormilitärischer Ausbildung die Gehirne der Heranwachsenden verschärft auf den Hass gegen den Klassenfeind abzurichten.

Dennoch mühte sich die Bundesregierung in den folgenden Jahren geduldig, dem Grundvertrag durch Einzelverträge Leben einzuhauchen. Die DDR hätte am liebsten nur Abkommen geschlossen, die das menschliche Miteinander nicht allzu sehr berührten. Die chronische Devisennot zwang sie aber immer wieder dazu, Konzessionen relativer Öffnung einzuräumen. Die Bundesrepublik bezahlte die Zugeständnisse gut, oft zu großzügig im Vergleich zu den Erträgen. Viel harte Währung floss vor allem in Form von Pauschalsummen (für Dienstleistungen im Post-, Bahn- und Straßenverkehr) in die Kassen der DDR. Dazu kamen Kredite. Millionen kehrten auf den dunklen Wegen der Agenten und ihrer Bedürfnisse hierher zurück. Außerdem wurden immense Beträge für den Freikauf von politischen Häftlingen bezahlt. Wenige Jahre nach der KSZE-Konferenz von Helsinki mit ihrer Übereinkunft, dass der Sinn der Abmachungen auch im humanitären Bereich („Korb III") liegen solle, war das eine traurige Bilanz.

Von Entspannungs- und Spannungspolitik

Zu Beginn der 70er Jahre wurde aus dem Kalten Krieg zunächst ein kühler Krieg. Die beiden Supermächte kamen sich in ersten Absprachen über die Verminderung ihrer beweglichen strategischen Waffensysteme näher, und die Bundesrepublik als Allianzpartner des Westens, als Anrainer des Eisernen Vorhangs, konnte davon nicht unberührt bleiben.

Washington und Moskau hatten zwar schon 1963 eine Beendigung ihrer oberirdischen Atomwaffenversuche vereinbart, aber das gegenseitige Bedrohungspotential der Raketensysteme, also der Transporteure von Atomsprengköpfen, war seither stetig gewachsen. 1972 und 1974 kamen beide

Bild linke Seite: Abkühlung mit einem Lächeln: Der neue französische Staatspräsident François Mitterrand (l.) begrüßt am 24. Mai 1981 im Pariser Elysée-Palast Bundeskanzler Helmut Schmidt (r.). Politisch gesehen stand Mitterand dem Sozialdemokraten aus Deutschland zwar näher als es Giscard d'Estaing getan hatte; allzu herzlich wurde die Beziehung zwischen ihnen allerdings nicht, wenn sie auch auf gegenseitigem Respekt aufbaute. Mitterand begann eine Neuorientierung in der Außenpolitik, und die politischen Weltereignisse zu jener Zeit entfremdeten die beiden Politiker weiter. Allerdings sollte schon bald eine andere enge deutsch-französische Freundschaft folgen: Jene von François Mitterand und Helmut Kohl.

Bild rechte Seite: Erschöpft: Mit dem neuen Jahrzehnt schien sich plötzlich vieles gegen Helmut Schmidt zu wenden. Der ihm so wichtige Nato-Doppelbeschluss wurde von seiner Partei nicht mitgetragen, Carter und Breschnew sorgten für eine neue Eiszeit, und die deutschen Arbeitslosenzahlen kletterten auf ein Rekordhoch. Der Berufspolitiker Schmidt war sichtlich gealtert, was 1981 nicht mehr zu verbergen war: Nach zwei kleineren Herzanfällen bekommt er am 13. Oktober 1981 im Koblenzer Bundeswehrkrankenhaus einen Herzschrittmacher eingepflanzt. Offensichtlich machte sich Schmidt um seine Gesundheit jedoch keine größeren Sorgen: Das Foto zeigt den gut gelaunten Kanzler zwei Tage nach dem Eingriff in seinem Krankenzimmer.

Regierungen überein, ihre Interkontinental-Raketen und Mehrfachsprengköpfe zu vermindern. Das war ein erster Schritt zur Abrüstung, auch wenn Spielraum genug blieb, unseren Globus auszulöschen.

Dies lag natürlich nicht nur an der politischen Großwetterlage, sondern auch daran, dass die Regierung Brandt/Scheel die Ostverträge angebahnt, ausgehandelt, abgeschlossen und zu Hause vertraglich unter Dach und Fach gebracht hatte. So konnten die Nachfolger Schmidt und Genscher hieran anknüpfen und schon so etwas wie Normalität in das geschichtlich hochbelastete Verhältnis zum Osten bringen.

Schmidt hatte klar erkannt, dass viel von der angsteinflößenden sowjetischen Politik neurotischer Natur war - dass sie ihrerseits in einer Angst begründet lag, die übertriebenes Sicherheitsdenken nach sich zog. Helmut Schmidt schrieb in seinen Erinnerungen („Menschen und Mächte"), dass die Sowjets offenbar gar nicht erkannten, in welchem Maße ihr Sicherheitskomplex den Westen, vor allem die näherliegenden Staaten, beunruhigte. Zugleich geht aus dieser Einsicht in die Beweggründe der sowjetischen Militärpolitik hervor, dass die UdSSR zumindest in den 70er Jahren auf Defensive eingestellt war; dass sie ihre Besitzstände in Europa, die vorgeschobenen Grenzen, sichern wollte, aber nichts dazugewinnen. Diesem Ziel vor allem diente daher in ihren Augen die Konferenz für Sicherheit und Zusammenarbeit in Europa (KSZE), deren Schlussakte am 1. September 1975 in Helsinki unterzeichnet wurde. Honecker und Schmidt trafen sich dort auch persönlich.

Die Besitzstands-Politik änderte aber nichts daran, dass die waffenstarrenden Arsenale der hochgezüchteten Atommacht Sowjetunion weiter bestanden. Vorwiegend die damals neukonstruierten sowjetischen Mittelstreckenraketen SS-20 bereiteten Schmidt Sorge. Sie hatten eine Reichweite von 5000 Kilometern, standen tief im russischen Raum jenseits des Ural, waren durch ihre Mobilität kaum verwundbar und trugen Mehrfachsprengköpfe. Im eurostrategischen Bereich zeichnete sich also eine zunehmende Überlegenheit auf östlicher Seite ab, und dieses Übergewicht wurde ja durch die Abmachungen auf dem Gebiet der Interkontinental-Raketen überhaupt nicht berührt. Und bei den konventionellen Waffensystemen war die NATO in Europa ohnehin hoffnungslos unterlegen.

So kam es auf der Grundlage von Schmidts Vorstellungen 1979 zum „Doppelbeschluss" der NATO. Die eurostrategischen Waffensysteme sollten in die Abrüstungsgespräche einbezogen werden, mit dem Ziel ihrer beiderseitigen ausgewogenen Verminderung. Erst wenn diese Bemühungen scheitern sollten, sähe der Westen sich gezwungen, in Westeuropa und in der Bundesrepublik modernisierte Mittelstreckenwaffen aufzustellen.

Die Bundesregierung gab diese Absichten alsbald der sowjetischen Regierung zu verstehen. Die Hoffnung auf ein Einsehen trog. Nur 15 Tage nach der Verabschiedung des „Doppelbeschlusses" auf der NATO-Herbsttagung in Brüssel marschierten die Sowjets am 27. Dezember 1979 in Afghanistan ein, um die dortigen Wirren in ihrem Sinne zu lösen: Durch Etablierung eines Moskau-hörigen Regimes und durch Vorherrschaft in einer chronisch unruhigen Zone vor ihrer mittelasiatischen Südgrenze.

Abgesehen von der Fehlspekulation, mit dem Freiheitssinn dieser nie dauerhaft überfremdeten Bergstämme fertig zu wer-

Bild rechte Seite: Tauwetter? Mehr als zwei Jahre hatte es gedauert, ehe die politische Großwetterlage ein Treffen zwischen Helmut Schmidt und Erich Honecker in der DDR zuließ. Dann trafen sie sich im Dezember 1981, zunächst im Schloss Hubertusstock bei Berlin. Dort redeten Schmidt und Honecker vor allem über wirtschaftliche Fragen, doch der SED-Chef lotete auch aus, welche politischen Zugeständnisse er noch erreichen könnte. In Güstrow dann sollte ein privaterer Teil folgen. Helmut Schmidt erfuhr erst viel später, dass dieses Treffen wenig privaten Charakter gehabt hatte: Die Einwohner der Stadt waren in einer groß angelegten Aktion der Stasi verbannt worden und durften sich nicht in den Fenstern ihrer Häuser sehen lassen. Die „Schaulustigen" waren allesamt Stasi-Mitarbeiter, die nur auf Kommando den Staatsmännern zugewinkt und geklatscht hatten.

den, waren die weltpolitischen Folgen verheerend. Die westlichen Länder wurden von dem vertrauten Krisengefühl ergriffen, das sie von 1953 (Volksaufstand in der DDR), 1956 (Volksaufstand in Ungarn), 1968 (Einmarsch in Prag) leider so gut kannten, und schlossen einmütig, dass den Sowjets im machtpolitischen Nahverkehr eben einfach nicht zu trauen sei. Viele Ansätze weltpolitischer Entspannung froren durch diesen Einmarsch wieder ein.

Eine offensive Politik der „Schadensbegrenzung", insbesondere im Interesse der geteilten deutschen Nation, versuchte allen voran Bundeskanzler Helmut Schmidt, der 1980 der weltpolitischen Kaltwetterlage zum Trotz zu Gesprächen mit der sowjetischen Führung nach Moskau reiste und 1981 den DDR-Staatsratsvorsitzenden Honecker am Werbellinsee traf.

Angesichts der kritischen Weltlage war es kaum verwunderlich, dass die Amerikaner wieder nach einem kraftvollen Präsidenten Ausschau hielten und ihn 1980 auch hofften gefunden zu haben: in dem kalifornischen Gouverneur und ehemaligen Filmschauspieler Ronald Reagan.

Für den Ost-West-Dialog freilich bedeutete die Wählerentscheidung einen empfindlichen Rückschlag. Reagan ging auf Konfrontation, sprach von der Sowjetunion als dem „Reich des Bösen" und begann durch kräftige Erhöhung des Rüstungshaushaltes militärische Stärke zu demonstrieren. Aus dem kühlen Krieg der 70er Jahre wurde wieder ein kalter.

Die vier Jahre bis Ende 1983, die der Doppelbeschluss von Brüssel als Toleranzspanne für Abrüstungsvereinbarungen eingeräumt hatte, gingen ohne Ergebnis vorüber, aber die Konsequenzen daraus fielen schon nicht mehr in die Mitverantwortung der Regierung Schmidt/Genscher, weil sie inzwischen von der Regierung Kohl/Genscher abgelöst worden war.

Das Ende der sozialliberalen Koalition

Noch bei den Bundestagswahlen 1980 hatte die Union unter ihrem Kanzlerkandidaten Franz Josef Strauß eine empfindliche Niederlage gegen die sozialliberale Koalition hinnehmen müssen: Die Union fiel von 48,6 Prozent (1976) auf 44,5 Prozent zurück, die SPD nahm geringfügig zu von 42,6 auf 42,9 Prozent, die FDP stieg beachtlich von 7,9 auf 10,6 Prozent und damit auf ihren drittbesten Wert. Mit 271 sozialliberalen Mandaten (218+53) gegen 226 christlich-demokratische und christlich-soziale war noch weit ungefährdeter zu regieren als davor. Doch gerade diesmal sollte die Vierjahresspanne dramatisch abgekürzt werden.

Außen- und innenpolitische Gründe wirkten zusammen und ergänzten einander. Zum einen war die Weltlage nicht geeignet, die Zuversicht in der Koalition zu stärken. Die zweite Ölpreisexplosion trieb erneut die Arbeitslosenzahlen in die Höhe. Gleichzeitig begann der Vormarsch des Elektronikzeitalters und revolutionierte den Arbeitsmarkt - viele Beschäftigte mit mechanischen Tätigkeiten wurden entbehrlich. Hatten vereinte Bemühungen die Arbeitslosenzahlen in den Jahren 1978 bis 1980 unter eine Million drücken können, so wurde das einigermaßen erfreuliche Bild 1981 stark getrübt. Die Zahl erreichte 1,3 Millionen und stieg 1982 um weitere 500 000. So verbreiteten sich Missgefühle wirtschaftlicher Unsicherheit.

Hinzu kam, dass der Krieg in Afghanistan die Ost-West-Beziehungen wieder stark verschlechterte und die Aussichten

Bild rechte Seite: Im Juni 1982 trifft Schmidt den US-Präsidenten Ronald Reagan und dess Frau Nancy. Es sollte eines seiner letzten wichtigen Treffen als Bundeskanzler sein.

Bild unten: Parteifeind: Helmut Schmidt (r.) unterhält sich am 22. April 1982 während des SPD-Parteitages in München mit Oskar Lafontaine, einem entschiedenen Gegner des Nachrüstungsbeschlusses, dem strittigsten Thema des Kongresses.

einschränkte, dass es zu einer Verminderung der Mittelstreckenraketen in Europa kommen werde. Man musste sich darauf einstellen nachzurüsten. Hier setzten nun erhebliche Widerstände ein. Der Kampf um den zweiten Teil des „Doppelbeschlusses" begann.

Im breiten Spektrum der Volksmeinung von der äußersten Linken bis weit in die Mitte war der zweite Teil des Doppelbeschlusses unpopulär. Sozialdemokraten mit starkem öffentlichen Gewicht, wie Willy Brandt und Erhard Eppler, gaben ihre Sympathie mit dieser Volksmeinung rückhaltlos zu erkennen. So hatte Schmidt bis in den eigenen Parteivorstand hinein mit Widerständen zu kämpfen. Erste Entfremdungen innerhalb der lange Zeit so zugkräftigen Troika Brandt-Schmidt-Wehner wurden sichtbar.

Die Querelen innerhalb der SPD konnten den Juniorpartner nicht unberührt lassen.

Das sich verschlechternde Image der SPD in der Öffentlichkeit bereitete den Liberalen Sorge. Abnehmende Wählergunst konnte die FDP in einen Strudel reißen, der für sie – mehr als für eine große Partei – lebensbedrohend wurde. Seit es die Grünen gab (im Oktober 1979 waren sie ins erste Parlament, die Bremische Bürgerschaft, eingezogen und politisch nicht mehr zu übersehen), stellte die FDP überdies nicht mehr die einzige Alternative zu den mächtigen Volksparteien dar. Noch ängstlicher als früher starrte sie daher bei jeder Wahl auf die Fünf-Prozent-Grenze, ihr Existenzminimum zum Mitreden. Eher würde sie den Partner wechseln, als das Risiko einzugehen, zu einer entbehrlichen Geringfügigkeit zu schrumpfen.

Bei den Landtagswahlen in Niedersachsen im März 1982 fiel die FDP wiederum auf den vierten Rang hinter die Grünen zurück, und die CDU erreichte sogar die absolute Mehrheit. Als die Hamburger Bürgerschaftswahlen im Juni 1982 der SPD eine weitere schwere Niederlage bereiteten, den Grün-Alternativen mit 7,7 Prozent den Sprung ins Rathaus ermöglichten und den Freien Demokraten den Zutritt verwehrten, wurde das Krisengefühl der Liberalen endgültig deutlich. So sah sich die FDP aus Überlebenswillen heraus gezwungen, neue Ufer anzusteuern.

Ein deutliches Signal für die innere Umorientierung hin zur CDU lieferte der Vizekanzler und Außenminister Genscher im August 1982 in einem Rundfunk-Interview mit dem Satz, „dass die Aufgaben, die in einer Demokratie gestellt sind, sich ihre eigenen Mehrheiten suchen". Hatte Genscher sich bereits entschieden?

Am 9. September 1982 gab der Bundeskanzler den Bericht zur Lage der Nation ab. Im Bundestag wurden die Spannungen

nun auch dem letzten Zuhörer deutlich. Helmut Schmidt, in der klaren Voraussicht vom Ende der sozialliberalen Koalition, wollte sich nicht still ergeben, sondern das Ende herbeiführen. Dafür hatte er sich die Zustimmung des Parteipräsidiums der SPD geholt. Er erklärte vor dem Plenum, es gäbe „Grenzen des Zumutbaren", und im Übrigen solle man „reisende Leute nicht aufhalten". Den Oppositionsführer forderte er regelrecht zum konstruktiven Misstrauensvotum auf; dann musste die FDP sich ja als „Königsmörder" erweisen. Und das tat sie auch: Alle FDP-Bundesminister traten zurück, Schmidt übernahm kurzzeitig auch das Amt des Außenministers. Zwei Wochen später dann das konstruktive Misstrauensvotum, bei dem Helmut Kohl mit den Stimmen der CDU, CSU und der FDP zum neuen Kanzler gewählt wird, auch wenn ihm aus diesen Reihen 23 Stimmen verwehrt blieben.

Helmut Schmidt hat in seiner Zeit als Bundeskanzler wichtiges geleistet. Er zeigte, dass er für internationale Probleme gute nationale Konzepte besaß, und konnte so die Arbeitslosigkeit lange Zeit niedrig halten. Außerdem ist es ihm zu verdanken, dass der deutsche Terror besiegt werden konnte. Die wirklich einschneidenden Entscheidungen fielen aber nicht in seine Amtszeit, weshalb zum Beispiel Konrad Adenauer (für die Einbindung der Bundesrepublik in das westliche Staatengefüge) und Helmut Kohl (der „Einheitskanzler") rein historisch gesehen bedeutenderes erlebt hatten.

Doch im Gegenzug hat Helmut Schmidt wie kein anderer Ex-Kanzler die deutsche Politik weiter mit beeinflusst. „Wenn ich nicht weiter gearbeitet hätte, wäre ich schon lange tot", hat er zu seinem 90. Geburtstag gesagt.

Bild linke Seite: Helmut Schmidt gibt am 24. Juni 1982 eine Regierungserklärung ab. Außenminister Hans-Dietrich Genscher (l.) scheint da schon nicht mehr gewillt zu sein, die Koalition zusammenzuhalten.

Bild unten: Am 1. Oktober 1982 wird Schmidt durch ein Misstrauensvotum gestürzt. Er beglückwünscht den neuen Bundeskanzler Helmut Kohl.

VOM KANZLER ZUR KORYPHÄE

Späte Kollegen: Marion Gräfin Dönhoff, ein Koryphäe der Zivilcourage und des deutschen Journalismus, ist bereits zehn Jahre Herausgeberin der ZEIT, als sie den Freund Helmut Schmidt als Kollegen dazu gewinnt. Schmidt ist zu dieser Zeit noch Mitglied des Bundestages, trieb aber schon da seine zweite Karriere als Publizist voran.

Anfang 2008 wurde Helmut Schmidt angezeigt. Er hatte beim Neujahrspunsch im Theater „Winterhuder Fährhaus" geraucht. Schmidt gab daraufhin zu Protokoll, dass er in Zukunft nicht mehr an öffentlichen Orten rauchen werde. Doch überall, wo er hinkam, standen Aschenbecher für ihn bereit. Das Verfahren wurde nach Prüfung durch die Hamburger Staatsanwaltschaft eingestellt.

Dass ihm das Rauchen nicht verboten werden konnte, hat natürlich mit seiner Autorität zu tun, mit seiner Aura, die aus Ermangelung anderer Worte von vielen jungen Menschen als „cool" beschrieben wurde. Doch auf verquere Weise war es fast schon moralisch schwierig, ihm das Rauchen zu verbieten – wie soll man einen 89-Jährigen kritisieren, der den Marlboro-Mann und das HB-Männchen um Längen überlebte? Der bis zuletzt ungesund lebte, vier Bypässe mit sich trug, und bei dem aufgrund seines Alters die Krebsgefahr wie eine Nebensächlichkeit erschien? Helmut Schmidt selbst wird das Rauchen nicht als Unvernunft, sondern eher als Standfestigkeit, fast schon als Prinzipientreue angesehen haben. Er hatte eben keine Angst davor, „endgültig die Adresse zu wechseln", wie er es nannte.

Nach seiner politischen Karriere wuchs seine Autorität noch, weil vieles, was er angekündigt hatte, tatsächlich eintraf. Und gleichzeitig verlor er nie seine Standfestigkeit. Natürlich auch nicht in politischen Fragen. Bis zum Schluss war er eine moralische Instanz für Politik und Gesellschaft. In der Finanzkrise kritisierte er zum Beispiel die Banker, die lange Zeit sein Vertrauen genossen hatten („Inzwischen ist mein Vertrauen in die Klugheit von Bankvorständen leider einer erheblichen Skepsis gewichen").

Er kritisierte Kanzlerin Angela Merkel, indem er mal eben die komplette politische Agenda in Frage stellte: „Dass die Große Koalition der Regierung Merkel 2006 eine weit übertreibend so genannte Gesundheitsreform zeitweilig zum sozialpolitisch wichtigsten Thema machte, bezeugt einen erstaunlichen Mangel an ökonomischer Urteilskraft."

Er war auch in seinen letzten Jahren als Politiker schon so gewesen – kritisierend, manchmal sogar verletzend, aber auf hohem Niveau. Fast könnte man sagen, dass Helmut Schmidt nach seiner Tätigkeit als Bundeskanzler seine eigene Partei geworden ist. Oft nahm er Positionen ein, die nicht nur gegen die SPD-Linie liefen – sie waren bisweilen sogar genau gegenläufig.

Kritisch, polemisch, unbestechlich

Beim Nato-Doppelbeschluss hatte Schmidt seiner Partei noch die Pistole auf die Brust gesetzt, indem er indirekt sein Kanzler-Schicksal damit verband. Er setzte sich durch, der Doppelbeschluss wurde Nato-Strategie. Er war ein Gegner der atomaren Bewaffnung Deutschlands, doch er machte sich am linken Rand auch keine Freunde, als er zu einem Befürworter der Atomenergie wurde, und übrigens den menschengemachten Klimawandel bis zuletzt in Frage stellte. Er hat sicherlich dazu beigetragen, dass sich Politiker und Aktivisten links von ihm zu den Grünen zusammenschlossen.

Am 10. September 1986 hielt Helmut Schmidt seine Abschiedsrede im Deutschen Bundestag. Diese zwei Stunden waren ein Brennspiegel seiner Karriere: Eine Zusammenfassung dessen, was gut läuft und was schlecht in diesem Land, ein moralischer Appell an alle Staatenlenker, und das alles eingetaucht in Polemik, gepaart mit einer nüchternen Selbstreflexion. Als es ein letzte Mal laut wurde um ihn im Plenum, sagte er zum Beispiel: „Aber all diese Zwischenrufe machen uns erneut bewusst, dass die parlamentarische Demokratie ja nicht eine harmonische oder diplomatische Veranstaltung ist. Trotzdem, dies Parlament bleibt der wichtigste Ort der Auseinandersetzung. Sie können doch nicht im Ernst erwarten, dass einer aus München oder aus Düsseldorf anreist, um Herrn Dregger zu hören. Also wenn das eben zu scharf gewesen sein sollte, bitte ich um Entschuldigung. Ich hab ja auch sonst in den 33 Jahren manchem Kollegen durch Überschärfe Wunden zugefügt. Ich hoffe, es wird mir nachgesehen. Ne, ich weiß, Sie sind unverletzbar, Herr Dregger."

Wenn es seinen politischen Gegnern zu viel wurde, dann mieden sie meistens aber auch nicht die Kommunikation mit ihm. Man wollte sich gut stellen mit Helmut Schmidt. Und wenn auch das nicht mehr funktionierte, gingen sie oft zu seiner Frau Loki, die dann die Wogen glättete.

Auch im hohen Alter ein Vordenker

Auch sein Entschluss, 1983 Mitherausgeber der ZEIT zu werden – als er immer noch als Abgeordneter im Bundestag saß – darf als Versuch gewertet werden, dem Land weiter Moral, Verantwortung und Weitsicht mit auf den Weg zu geben. Zum Beispiel dann, wenn er im gleichnamigen

Helmut Schmidt (r.), nunmehr Altbundeskanzler, gemeinsam mit dem Verleger Gerd Bucerius, aufgenommen im Mai 1983 im Pressehaus in Hamburg. Schmidt gab dort seinen Einstand als Mitherausgeber der ZEIT. Bucerius, ein ehemaliger CDU-Bundestagsabgeordneter, war es auch gewesen, der Schmidt auf die Idee gebracht hatte, „die Seiten zu wechseln". Dies fiel ihm nicht schwer, sah er in Schmidt doch einen „liberalen Vorkämpfer der Pressefreiheit".

Bild rechte Seite: Letzter Auftritt: Altbundeskanzler Schmidt bei seiner letzten Rede im Deutschen Bundestag, am 10. September 1986. Es ist der zweite Tag der Haushaltsdebatte, doch Schmidt nutzt die Gelegenheit für einen politischen Rundumschlag, für einen Rückblick sowie einen moralischen Appell für die Zukunft – all dies in seiner gewohnt polemischen Manier. Dass er nicht mehr für den Bundestag kandidieren würde, wusste er zwar schon Jahre vorher. Doch seine Einflussnahme auf Politik und Gesellschaft war damit noch lange nicht vorbei.

Wochenblatt 2003 mit den Worten zitiert wird: „Wollen wir denn auch Weltmeister im Jammern werden?" Oder in einem Sketch von Loriot, in dem Schmidt als Cartoon zu sehen ist. Am Ende sagt er: „Jeder von uns muss noch bisschen was dazulernen."

Doch bei all den Preisen und Ehrungen, die er in den folgenden Jahrzehnten erhalten sollte, blieb er auch ein Mann der Tat. 1986 gründete er gemeinsam mit seinem Freund Giscard d'Estaing den Ausschuss für die Europäische Währungsunion. Er setzte sich maßgeblich dafür ein, eine Europäische Zentralbank zu errichten, so wie er in seiner Amtszeit die Europäische Integration vorantrieb. Er betätigte sich weiter als Autor, nicht nur autobiografisch wie in „Außer Dienst", sondern auch wissenschaftlich, ganz im Sinne seiner geistigen Vorbilder. 1989 zum Beispiel schrieb er den Aufsatz „Politik als Beruf heute", in Anlehnung an den ethischen Vordenker Max Weber. Sicherlich wäre noch mehr möglich gewesen, doch Schmidt musste auch aus gesundheitlichen Gründen kürzer treten. Schon 1972 litt er unter einer schweren Schilddrüsenerkrankung, 1981 erhielt er den ersten Herzschrittmacher. Lange Zeit war er auf einen Gehstock angewiesen, den er gerne unter dem Tisch versteckte, solang er saß – ab 2009 sogar auf einen Rollstuhl. Am meisten schien er jedoch darunter zu leiden, dass er sein Gehör weitgehend verlor. Den von ihn geliebten Johann Sebastian Bach konnte er zwar noch spielen, aber kaum noch hören. Geistig hat Helmut Schmidt jedoch nie nachgelassen.

Zuletzt lebte Helmut Schmidt, gemeinsam mit seiner Frau Loki, bis zu ihrem Tod am 21. Oktober 2010 weder zurückgezogen noch im Rampenlicht, mit Ausnahme seiner runden Geburtstage, an denen er sich zu langen Fernsehinterviews bereit erklärte. Sie bewohnten ein relativ schlichtes Reihenhaus in Hamburg, er spielte gelegentlich Schach mit dem ehemaligen Wirtschaftsminister Per Steinbrück, er lud gelegentlich Freunde und Journalisten zu sich nach Hause ein, und er verfolgte weiter kritisch das Weltgeschehen. 2007 machte Schmidts Freund Theo Sommer in einem Fernsehfilm von Sandra Maischberger Anmerkungen, dass Helmut und Loki Schmidt vorhätten, gemeinsam aus dem Leben zu scheiden, wenn der Tag gekommen sei. An seinem 90. Geburtstag wurde er von einer SZ-Reporterin danach gefragt, und er sagte: „Nein. Aber das wird wohl so kommen. Einer wird nach dem anderen sterben, ohne großen zeitlichen Abstand. Als Sommer das so beschrieben hat, habe ich gedacht: Er hat recht." Doch Theo Sommer sollte nicht Recht behalten. Im August 2012 gab Schmidt bekannt, dass er zwei Jahre nach Lokis Tod eine neue Lebensgefährtin hat: Ruth Loah, die seit Jahrzehnten zu seinen Vertrauten zählt. Als Schmidt am 10. November 2015 im Alter von 96 Jahren starb, hatte er seine Frau Loki um fünf Jahre überlebt.

„DAS ETHOS DES POLITIKERS" *

Am Dienstag, dem 8. Mai 2007, um 18.00 Uhr hielt auf Einladung der Stiftung Weltethos der frühere Bundeskanzler und Herausgeber der Wochenzeitung „Die Zeit", Helmut Schmidt, die 7. Weltethos-Rede an der Universität Tübingen.

Zunächst möchte ich mich bei Ihnen, lieber Hans Küng, bedanken. Ich bin der Einladung gern gefolgt, denn ich habe seit Beginn der 1990er Jahre das „Projekt Weltethos" mit großer Sympathie verfolgt. Das Wort „Weltethos" mag zwar manchem als zu anspruchsvoll erscheinen, aber die zu lösende Aufgabe ist tatsächlich und zwangsläufig sehr anspruchsvoll. Vielleicht darf ich hier einflechten, dass eine Reihe von früheren Staats- und Regierungschefs aus allen fünf Erdteilen sich als InterAction Council seit 1987 ein durchaus vergleichbares Ziel gesetzt haben; unsere Arbeit hat allerdings bisher nur relativ geringen Erfolg erreicht. Dagegen ragt die Leistung Hans Küngs und seiner Freunde weit heraus.

Ich selbst verdanke meine ersten Anstöße, über die den großen Religionen gemeinsamen moralischen Gebote nachzudenken, einem gläubigen Muslim. Es liegt mehr als ein Vierteljahrhundert zurück, dass der damalige ägyptische Staatspräsident Anwar as-Sadat mir die gemeinsamen Wurzeln der drei abrahamischen Religionen erklärt hat, ebenso die vielerlei Übereinstimmungen und insbesondere die übereinstimmenden moralischen Gebote. Er wusste von dem gemeinsamen Friedensgebot, zum Beispiel in den Psalmen des jüdischen alten Testaments, zum Beispiel in der christlichen Bergpredigt oder in der vierten Sure des muslimischen Koran. Wenn doch nur auch die Völker Kenntnis von dieser Übereinstimmung hätten, wenn wenigstens doch die politischen Führer der Völker sich dieser ethischen Übereinstimmung ihrer Religionen bewusst würden, dann würde ein dauerhafter Friede möglich sein. Dies war seine tiefe Überzeugung. Einige Jahre später zog er als Staatspräsident die politische Konsequenz aus seiner Überzeugung und besuchte die Hauptstadt und das Parlament des Staates Israel, der vorher in vier Kriegen sein Feind gewesen war, um Frieden anzubieten und zu schließen.

In meinem hohen Alter hat man den Tod der eigenen Eltern und Geschwister und vieler Freunde erlebt; aber die Ermordung Sadats durch religiöse Eiferer hat mich tiefer erschüttert als andere Verluste. Mein Freund Sadat wurde umgebracht, weil er dem Friedensgebot gehorsam war.

Ich will auf das Friedensgebot sogleich zurückkommen, vorweg aber eine Einschränkung: Ein einziger Vortrag, zumal im Umfang auf weniger als eine Stunde begrenzt, kann das Thema vom Ethos des Politikers nicht entfernt ausschöpfen. Deshalb muss ich mich heute auf einige Bemerkungen konzentrieren, nämlich zum Verhältnis von Politik und Religion, dann zur Rolle der Vernunft und des Gewissens in der Politik, sodann zur Notwendigkeit des Kompromisses und zum deshalb unvermeidlichen Verlust an Stringenz und Konsequenz.

Wider dem politischen Ernst: Am zweiten Tag seines Besuchs in Bonn am 1. April 1977 gab es zwischen dem ägyptischen Staatspräsidenten Anwar as-Sadat (l.) und Helmut Schmidt im Bonner Kanzleramt auch amüsante Themen. Die beiden Politiker wurden gute Freunde. Eine nächtliche Fahrt auf dem Nil gehöre „zu den glücklichsten Erinnerungen meines politischen Lebens", sagte Schmidt.

I.

Nun aber zurück zum Friedensgebot. Die Maxime des Friedens ist ein unentbehrlicher Teil der Ethik oder der Moral, die von einem Politiker verlangt werden muss. Sie gilt gleicherweise für die Politik im Innern eines Staates und seiner Gesellschaft wie ebenso nach außen. Daneben stehen sodann weitere Gebote und Maximen. Dazu gehört selbstverständlich die in allen Weltreligionen gelehrte und verlangte „Goldene Regel", die Immanuel Kant in seinem Kategorischen Imperativ lediglich neu formuliert und die der deutsche Volksmund in den Merkvers verdichtet hat: „Was Du nicht willst, dass man Dir tu, das füg' auch keinem anderen zu". Die Goldene Regel gilt für jedermann. Ich glaube nicht, dass für Politiker andere moralische Grundregeln gelten als für jedermann.

Unterhalb des Kernbestandes der allgemeingültigen Moral gibt es allerdings vielerlei spezielle Ausprägungen für spezifische Berufe oder Situationen. Denken Sie zum Beispiel an den ehrwürdigen hippokratischen Eid der Ärzte, an die berufliche Ethik des Richters; oder denken Sie an die besonderen ethischen Regeln, die vom Kaufmann, die vom Geldverleiher oder Bankier, die vom Arbeitgeber oder die vom Soldaten im Kriege verlangt werden müssen.

Da ich weder Philosoph bin noch Theologe, so werde ich nicht den Versuch machen, Ihnen ein Kompendium oder einen Kodex der spezifisch politischen Ethik vorzutragen und dergestalt mit Plato und Aristoteles oder mit Konfuzius in Wettbewerb zu treten. Seit über zweieinhalb Jahrtausenden haben große Autoren vielerlei Elemente oder Bestandteile der politischen Ethik zusammengetragen, zum Teil mit durchaus kontroversen Ergebnissen. Das reicht in Europas Neuzeit von Machiavelli oder Carl Schmitt bis hin zu Hugo de Groot oder Max Weber oder Karl Popper. Ich dagegen muss mich darauf beschränken, Ihnen einige der Einsichten vorzutragen, die ich selbst im Laufe meines Lebens als Politiker und als politischer Publizist gewonnen habe – zum größeren Teil im eigenen Vaterlande und zum anderen Teil im Umgang mit unseren nahen und auch mit unseren weiter entfernten Nachbarn.

Besuch bei einer lebenden Legende: Helmut Schmidt wird während seines Aufenthalts in der Volksrepublik China am 30. Oktober 1975 in Peking von Mao Tsetung (l.) empfangen.

Schon an dieser Stelle will ich auf die Erfahrung hinweisen, dass von Gott oder vom Christentum zwar in der deutschen Innenpolitik keineswegs selten die Rede gewesen ist, nicht aber im Gespräch oder in der Verhandlung mit anderen Staaten und ihren Politikern. Als es jüngst in Frankreich und in Holland zu Volksabstimmungen über den Entwurf einer Verfassung für die Europäische Union kam, war dort für manche Menschen die Abwesenheit einer Anrufung Gottes im Verfassungstext ein entscheidendes Motiv für ihre Ablehnung. Die Politiker hatten mit Mehrheit auf die Anrufung Gottes im Verfassungstext verzichtet. Im deutschen Grundgesetz kommt Gott zwar in der Präambel vor: „Im Bewusstsein seiner Verantwortung vor Gott ..."; und später noch ein zweites Mal im Wortlaut des Amtseides im Artikel 56, wo es am Schluss heißt: „So wahr mir Gott helfe". Aber unmittelbar anschließend sagt das Grundgesetz: „Der Eid kann auch ohne religiöse Beteuerung geleistet werden". In beiden Textstellen bleibt dem Bürger überlassen, ob er den Gott der Katholiken oder der Protestanten meint, oder den Gott der Juden oder der Muslime.

* Die von Hans Küng mitbegründete *Stiftung Weltethos* ist ein Versuch, die Gemeinsamkeiten der Weltreligionen zu beschreiben und ein gemeinsames Ethos, ein knappes Regelwerk aus den Grundforderungen aufzustellen, welche von allen akzeptiert werden können.

Helmut Schmidt (l.) wird im Juli 1979 von Papst Johannes Paul II. zu einer Audienz empfangen. Der Bundeskanzler zeigt sich von dessen Charisma angetan und sagt später: „Wenn ich katholisch wäre, würde ich bei diesem Papst beichten wollen." Schmidt und der aus Polen stammende Papst waren sich einig in der Ablehnung des Kommunismus – in der Frage, wie der Bevölkerungsexplosion begegnet werden soll, gingen die Meinungen allerdings weit auseinander.

Es war auch beim Grundgesetz eine Mehrheit von Politikern, die 1948/49 diesen Text formuliert hat. In einer rechtsstaatlich-demokratischen Ordnung spielen die Politiker und ihre Vernunft die verfassungspolitisch entscheidende Rolle, nicht aber ein spezifisches religiöses Bekenntnis oder dessen Schriftgelehrte.

Kürzlich haben wir miterlebt, wie der Heilige Stuhl nach Jahrhunderten endlich das machtpolitische Verdikt gegen Galileis Vernunft aufhob. Heute erleben wir alltäglich, wie im Mittleren Osten religiöse und politische Kräfte in blutiger Weise um die Macht über die Seelen der Menschen ringen – und wie dabei abermals die Ratio, die allen Menschen gegebene Vernunft, oftmals das Nachsehen hat. Als im Jahre 2001 einige religiöse Eiferer im Bewusstsein, ihrem Gott zu dienen, in New York dreitausend Menschen und zugleich sich selbst zu Tode brachten, da lag das Todesurteil gegen Sokrates – wegen Gottlosigkeit! – immerhin schon zweieinhalbtausend Jahre zurück. Offenbar ist der perennierende Konflikt zwischen Religion und Politik und Vernunft ein bleibender Teil der conditio humana.

II.

Vielleicht darf ich hier eine persönliche Erfahrung einflechten. Ich bin im Laufe der Nazi-Zeit erwachsen geworden, zu Anfang des Jahres 1933 war ich gerade erst vierzehn geworden. Während meiner acht Wehrpflichtjahre hatte ich meine Hoffnung für die Zeit nach der erwarteten Katastrophe auf die christlichen Kirchen gesetzt. Aber nach 1945 habe ich miterlebt, dass die Kirchen weder eine Neubegründung der Moral leisten konnten, noch eine Neubegründung von Demokratie und Rechtsstaat. Meine eigene Kirche würgte immer noch am Römerbrief des Paulus: „Seid untertan der Obrigkeit".

Stattdessen ist der Neuanfang in entscheidendem Maße zunächst von einigen erfahrenen Politikern der Weimarer Zeit gekommen, von Adenauer, Schumacher und Heuss und anderen. Es waren dann zu Beginn der Bundesrepublik aber weniger die alten Weimaraner, sondern vielmehr der erstaunliche ökonomische Erfolg Ludwig Erhards und die amerikanische Marshall-Hilfe, welche die Deutschen auf Freiheit und Demokratie und für den Rechtsstaat eingestimmt haben. Diese Wahrheit bedeutet keine Schande. Denn schon seit Karl Marx weiß man, dass das ökonomische Sein das politische Bewusstsein bestimmt. Zwar enthält diese Feststellung nur eine Teil-Wahrheit. Richtig bleibt aber: Jede Demokratie ist gefährdet, wenn die Regierenden Wirtschaft und Arbeit nicht in akzeptabler Ordnung halten können.

Im Ergebnis bin ich moralisch, aber auch politisch und ökonomisch von den Wirkungsmöglichkeiten der Kirchen enttäuscht geblieben. Während des Vierteljahrhunderts nach meiner Kanzlerschaft habe ich vieles dazugelernt und vieles gelesen. Dabei habe ich ein Weniges über andere Religionen und ein Weniges über mir bis dahin nicht geläufige Philosophien hinzugelernt. Diese Bereicherung hat meine religiöse Toleranz verstärkt; sie hat zugleich meine Distanz zum Christentum vergrößert. Gleichwohl nenne ich mich einen Christen und bleibe in der Kirche, weil sie Gegengewichte setzt gegen moralischen Verfall und weil sie vielen Menschen Halt bietet.

III.

Was mich bis heute bei der Berufung auf den christlichen Gott immer wieder stört – sowohl bei manchen Kirchenleuten als auch bei manchen Politikern –, das ist die Tendenz zur Ausschließlichkeit, die wir im Christentum antreffen – und ebenso auch in anderen religiösen Bekenntnissen: Du hast unrecht, ich aber bin erleuchtet, meine Überzeugungen und meine Ziele sind gottgefällig. Mir ist seit langem klar geworden: Unsere unterschiedlichen Religionen und Weltanschauungen müssen uns nicht hindern, zum Besten aller zusammenzuarbeiten; denn tatsächlich liegen unsere moralischen Werte nahe beieinander. Friede unter uns ist möglich, allerdings müssen wir den Frieden immer wieder aufs Neue herstellen und „stiften", wie Kant gesagt hat.

Dem Ziel des Friedens dient es nicht, wenn die Gläubigen und die Priester einer Religion versuchen, die Gläubigen einer anderen Religion zu bekehren und zu missionieren. Deshalb stehe ich dem Grundanliegen der Mission des Glaubens mit tiefer Skepsis gegenüber. Dabei spielt besonders mein Geschichtswissen eine Rolle – ich meine den Umstand, dass sowohl das Christentum als auch der Islam über Jahrhunderte durch das Schwert, durch Eroberung und Unterwerfung ausgebreitet worden sind, nicht aber durch Zeugnis, Überzeugung und Einsicht. Die Politiker des Mittelalters, also die Herzöge und Könige, die Kalifen und die Päpste haben sich den religiösen Missionsgedanken angeeignet und ihn zum Instrument der Ausdehnung ihrer Macht umfunktioniert – und Tausende und Hunderttausende von Gläubigen haben sich willig umfunktionieren lassen.

So sind zum Beispiel die Kreuzzüge im Namen Christi, mit der Bibel in der linken, aber mit dem Schwert in der rechten Hand in meiner Sicht tatsächlich Eroberungskriege gewesen. Wenn in der Neuzeit die Spanier und Portugiesen, die Engländer, Holländer oder Franzosen und zum Schluss auch noch die Deutschen sich jeder mit Gewalt große Teile Amerikas, Afrikas und Asiens angeeignet haben, so ist auch die Kolonisierung dieser fremden Kontinente zwar im Bewusstsein der eigenen moralischen und religiösen Überlegenheit geschehen. Jedoch mit dem Christentum hatte die Errichtung der Kolonialreiche sehr wenig zu tun, vielmehr ging es um Macht und egozentrisches Interesse. Oder nehmen Sie die reconquista auf der iberischen Halbinsel: Es ging nicht allein um den Sieg des Christentums, sondern es ging im Kern um die Macht der katholischen Könige Ferdinand und Isabella. Wenn heute auf indischem Boden Hindus und Muslime einander bekämpfen oder wenn im Mittleren Osten sunnitische und schiitische Muslime einander bekämpfen, so geht es abermals im Kern um Macht und Herrschaft. Die Religionen und ihre Priester werden dafür benutzt, weil sie die Menschenmassen beeinflussen können – und sie lassen sich benutzen.

Heute beunruhigt es mich sehr, dass zu Beginn des 21. Jahrhunderts die Gefahr eines weltweit religiös motivierten oder auch religiös verbrämten „clash of civilizations" durchaus real geworden ist. Das ist keine intellektuelle Spielerei, die Gefahr ist wirklich gegeben. An manchen Orten der heutigen Welt vermischen sich religiös verbrämte Herrschaftsmotive mit Empörung über Armut und mit Neid auf den Wohlstand anderer. Religiöse Sendungsmotive vermischen sich mit exzessiven Herrschaftsmotiven. Die abwägenden und mäßigenden Stimmen der Vernunft haben es dort schwer, Ge-

Helmut Schmidt (r.) mit seinem Freund Henry Kissinger, dem ehemaligen US-Außenminister. Die Freundschaft war über die Jahrzehnte sehr eng geblieben. Einmal hatte Kissinger sogar gesagt, er würde gerne vor Schmidt sterben – denn eine Welt ohne ihn könne er sich nicht vorstellen. Nach Schmidts Meinung ist Kissinger zudem ein „Freund aller Deutschen", denn er habe sich oft für die Interessen der Bundesrepublik eingesetzt, zum Beispiel im Vorfeld der deutschen Wiedervereinigung. Das Bild zeigt Schmidt und Kissinger im Mai 1976, während einer UN-Handelskonferenz in Nairobi.

Gefährte und Kontrahent: Franz Josef Strauß (l., CSU), im Bild bei einem Besuch beim Bundeskanzler im Jahr 1978, war einer der größten Gegner, gleichzeitig aber ein von Schmidt hoch respektierter Politiker. Selbst nachdem die beiden bei der Bundestagswahl 1980 gegeneinander antraten (die SPD gewann mit 1,6 Prozent Vorsprung), hatten sie nach wie vor großen Respekt voreinander – und dies blieb auch so bis zu Strauß' Tod im Jahr 1988.

hör zu finden. In ekstatisch aufgeregten Menschenmassen kann ein Appell an die Vernunft des einzelnen überhaupt nicht gehört werden. Ein Gleiches gilt dort, wo heutzutage mit nahezu religiöser Inbrunst die durchaus ehrwürdigen westlichen Ideologien und Lehren der Demokratie und der Menschenrechte mit militärischer Gewalt ganz anders gewachsenen Kulturen oktroyiert werden sollen.

IV.

Ich selbst habe aus all diesen Erfahrungen für mich eine klare Schlussfolgerung gezogen: Misstraue jedem Politiker, jedem Regierungs- oder Staatschef, der seine Religion zum Instrument seines Machtstrebens macht. Halte Abstand von solchen Politikern, die ihre auf das Jenseits orientierte Religion und ihre diesseitige Politik miteinander vermischen.

Diese Ermahnung gilt für die auswärtige Politik und für die innere Politik gleicherweise. Sie gilt für den Bürger ebenso wie für den Politiker. Vom Politiker müssen wir Respekt und Toleranz gegenüber den Gläubigen anderer Religionen verlangen. Wer als politischer Führer dazu nicht fähig ist, den muss man als Gefahr für den Frieden ansehen – für den Frieden im Innern unseres Staates wie für den Frieden nach außen.

Es ist eine Tragödie, dass auf allen Seiten die Rabbiner, die Priester, Pastoren und Bischöfe, die Mullahs und Ayatollahs uns Laien jede Kenntnis der anderen Religionen weitgehend vorenthalten haben. Sie haben uns im Gegenteil vielfältig gelehrt, über die anderen Religionen ablehnend und sogar abfällig zu denken. So bin ich zum Beispiel aufgewachsen und viele von Ihnen auch. Wer aber Frieden zwischen den Religionen will, der sollte religiöse Toleranz und Respekt predigen. Respekt gegenüber dem anderen setzt ein Minimum an Kenntnis des anderen voraus. Ich bin schon lange überzeugt, dass – über die drei abrahamischen Religionen hinaus – ebenso der Hinduismus, der Buddhismus oder der Schintoismus mit Recht gleichen Respekt und gleiche Toleranz verlangen.

Wegen dieser Überzeugung habe ich die Chicagoer „Erklärung zum Weltethos" des Parlaments der Weltreligionen nicht nur als wünschenswert empfunden, sondern als dringend notwendig begrüßt. Auf dem Boden der gleichen Grundhaltung hat der InterAction Council der ehemaligen Staats- und Regierungschefs heute vor zehn Jahren dem Generalsekretär der Vereinten Nationen den Entwurf einer „Universal Declaration of Human Responsibilities" zugeleitet. Unser Text, mit der Hilfe von Vertretern aller großen Religionen geschrieben, enthält die fundamentalen Prinzipien der Humanität. Ich möchte an dieser Stelle besonders Hans Küng für seine Mitarbeit danken. Zugleich erinnere ich mich dankbar an die Beiträge des verstorbenen Wiener Kardinals Franz König.

V.

Ich habe allerdings auch verstanden, dass vor zweieinhalbtausend Jahren einige der grundlegenden Lehrer der Menschheit, Sokrates und Aristoteles oder Konfuzius und Menzius, keiner Religion bedurften, auch wenn sie ihr aus Gründen der Opportunität, mehr am Rande ihrer Arbeit, Lippendienst geleistet haben. Nach allem, was wir von ihnen wissen, hat

Sokrates seine Philosophie und hat Konfuzius seine Ethik allein auf die Anstrengung der Vernunft gegründet – nicht auf Gott oder auf mehrere Götter; all ihre Lehre hatte keine Religion zur Grundlage. Gleichwohl sind beide bis auf den heutigen Tag zu Leuchttürmen für Abermillionen Menschen geworden. Ohne Sokrates kein Platon – vielleicht auch kein Immanuel Kant und kein Karl Popper. Ohne Konfuzius und ohne den Konfuzianismus sind die in der Weltgeschichte einmalig lange Lebensdauer und die Vitalität der chinesischen Kultur und des Reiches der Mitte schwer vorstellbar.

Mir kommt es hier auf eine wichtige Erfahrung an: Offenbar sind herausragende Erkenntnisse, wissenschaftliche Leistungen und so auch ethische und politische Lehren durchaus auch dann möglich, wenn der Urheber sich nicht an einen Gott, an einen Propheten, an eine heilige Schrift oder an eine bestimmte Religion gebunden weiß, sondern lediglich seiner Vernunft verpflichtet ist. Dies gilt ebenso für sozialökonomische und politische Leistungen. Allerdings hat es die europäisch-nordamerikanische Aufklärung mehrere Jahrhunderte der Anstrengung und des Kampfes gekostet, dieser Erfahrung in unserem Teil der Welt zum Durchbruch zu verhelfen. Dabei ist das Wort „Durchbruch" gerechtfertigt bezüglich der Wissenschaft, der Technologie und der Wirtschaft.

Bezüglich der Politik dagegen gilt das Wort vom „Durchbruch" der Aufklärung leider nur eingeschränkt. Denn ob zum Beispiel Wilhelm II. sich selbst als Monarch „von Gottes Gnaden" interpretierte, ob ein amerikanischer Präsident sich auf Gott beruft oder ob heute Politiker sich mit ihrer Politik auf christliche Werte berufen: Sie empfinden sich religiös als Christen gebunden. Einige empfinden sich klar und deutlich als in christlicher religiöser Verantwortung stehend, andere empfinden diese Verantwortung nur relativ undeutlich – so wie heute wohl die meisten Deutschen auch. Denn inzwischen haben sich viele Deutsche vom Christentum gelöst, viele haben ihre Kirche verlassen; manche haben sich auch von Gott gelöst – und sind gleichwohl gute Menschen und gute Nachbarn.

VI.

Die allermeisten Deutschen teilen heute einige wichtige, sie bindende politische Grundüberzeugungen. Ich meine vornehmlich die Bindung an die unveräußerlichen Menschenrechte und an das Prinzip der Demokratie. Diese innere Bindung ist offenbar unabhängig vom eigenen Glauben oder Nicht-Glauben, auch unabhängig davon, dass beide Prinzipien in den christlichen Bekenntnissen nicht enthalten sind.

Nicht allein das Christentum, auch die anderen Weltreligionen und ihre heiligen Bücher haben ihren Gläubigen weit überwiegend Gebote und Pflichten auferlegt, während die Rechte der einzelnen Person in den heiligen Büchern kaum jemals vorkommen. Unser Grundgesetz dagegen spricht in seinen ersten zwanzig Artikeln fast ausschließlich von den verfassungsfesten Rechten des einzelnen Bürgers; während seine Verantwortlichkeit oder seine Pflichten nur an einer einzigen Stelle vorkommen, und die ist nachträglich eingefügt. Unser Grundrechtskatalog war eine gesunde Reaktion auf die extreme Beseitigung der Freiheit des einzelnen Menschen unter der Nazi-Herrschaft. Er ist nicht auf christlichen oder auf anderen religiösen Lehren aufgebaut, sondern allein auf dem einzigen in unserer Verfassung deutlich und klar ausgesprochenen Grundwert der „unantastbaren Würde" des Menschen.

Schmidt im Gespräch mit Bruno Kreisky (l.) während des SPD-Parteitags in München im April 1982. Auch zu seinem österreichischen Amtskollegen pflegte Schmidt intensive Kontakte, die auch nach der politischen Karriere nicht abrissen. Gemeinsam hatten sie, neben vielen politischen Übereinstimmungen, auch ihre Volksnähe: Bruno Kreisky ließ seine Telefonnummer in das öffentliche Telefonbuch eintragen.

Helmut Schmidt war der erste deutsche Regierungschef, der nach Polen reiste, um das ehemalige Konzentrationslager in Auschwitz zu besuchen. Die Kranzniederlegung im November 1977 fand viel Beachtung, auch in der polnischen Öffentlichkeit. Schmidts Besuch wird als weiterer Schritt nach Willy Brandts Kniefall in Warschau angesehen, der die Versöhnung mit Polen vorantrieb. Schmidt sagte in seiner Rede: „Wir sind nach Auschwitz gekommen, um uns daran zu erinnern, dass es ohne Erkenntnis der Vergangenheit keinen Weg in die Zukunft gibt."

Wenn im gleichen Atemzug, im gleichen Artikel 1 Gesetzgebung, Exekutive und Justiz an die Grundrechte als unmittelbar geltendes Recht gebunden worden sind, so bedeutet das auch die Bindung aller Politiker, seien sie Gesetzgeber, Regierende oder Verwaltende; sei es im Bund, in den Ländern oder den Kommunen. Dabei haben Politiker große Spielräume; denn das Grundgesetz erlaubt gleichermaßen gute oder erfolgreiche Politik wie auch miserable oder erfolglose Politik. Schlechte Politik ist nicht grundgesetzwidrig, sie ist nur schlecht. Deshalb brauchen wir nicht allein den Verfassungsgehorsam der Gesetzgebenden und der Regierenden, nicht nur zweitens deren Kontrolle durch das Verfassungsgericht, sondern wir brauchen drittens und vor allem die Kontrolle der Politik durch die wählenden Bürger und durch ihre öffentliche Meinung.

Natürlich erliegen Politiker Irrtümern, natürlich machen sie Fehler. Sie sind ja all den gleichen menschlichen Schwächen unterworfen wie jeder andere Bürger und wie die öffentliche und veröffentlichte Meinung auch. Bisweilen sind Politiker zu spontaner Entscheidung genötigt; zumeist aber haben sie genug Zeit und ausreichende Möglichkeiten, Rat von mehreren Seiten einzuholen, die verfügbaren Alternativen und ihre vorhersehbaren Folgen abzuwägen, ehe sie eine Entscheidung fällen.

Je mehr der Politiker sich von einer fixierten Theorie oder Ideologie leiten lässt, je mehr vom Machtinteresse seiner Partei, je weniger er im Einzelfall alle erkennbaren Faktoren und alle Entscheidungsfolgen abwägt, um so größer die Gefahr von Irrtümern, von Fehlern und Fehlschlägen. Bei einem spontan notwendigen Entschluss ist dieses Risiko besonders hoch. In jedem Fall trifft den Politiker die Verantwortung für die Folgen – und oft genug kann die Verantwortung durchaus bedrückend sein. In vielen Fällen finden Politiker weder Entscheidungshilfen im Grundgesetz, in ihrer Religion, in einer Philosophie oder Theorie; sondern sie sind allein angewiesen auf ihre eigene Vernunft und ihre eigene Urteilskraft, und auf ihr eigenes Gewissen.

Deshalb hat Max Weber in seinem immer noch lesenswerten Vortrag des Jahres 1919 über „Politik als Beruf" etwas zu pauschal vom „Augenmaß" des Politikers gesprochen. Er hat hinzugefügt, der Politiker müsse „für die Folgen seines Handelns aufkommen". Tatsächlich, so denke ich, müssen nicht nur ganz allgemein die Folgen, sondern ausdrücklich auch die ungewollten Folgen, auch die in Kauf genommenen oder nicht vorhergesehenen Nebenwirkungen gerechtfertigt sein; die Ziele seines Handelns müssen moralisch gerechtfertigt sein. Sie müssen verantwortet werden können. Die Ziele seines Handelns müssen gerechtfertigt sein, seine Mittel müssen ethisch gerechtfertigt sein. Bei einer unvermeidlich notwendigen Spontan-Entscheidung muss dafür das „Augenmaß" ausreichen. Wenn dagegen Zeit zur Abwägung verfügbar ist, dann sind sorgfältige Analyse und Durchdenken geboten. Diese Maxime gilt nicht allein für eine Entscheidung im dramatischen Extremfall, sondern ebenso für die ganz normale alltägliche Gesetzgebung etwa im Felde der Steuer- oder der Arbeitsmarktpolitik; sie gilt ebenso für die Entscheidung über ein neues Kraftwerk oder eine neue Autobahn. Diese Maxime gilt ohne jede Einschränkung.

Mit einem anderen Wort: Ohne die vorangehende Anstrengung seiner Vernunft kann der Politiker sein Handeln und dessen Folgen nicht im Gewissen verantworten. Eine gute Absicht allein oder eine lautere Gesinnung allein kann ihn von seiner Verantwortung nicht entlasten. Deshalb habe ich Max Webers Wort von der Notwendigkeit der Verantwortungsethik im Gegensatz zur Gesinnungsethik immer als gültig empfunden.

Dabei wissen wir aber, dass viele aus Motiven ihrer Gesinnung in die Politik gehen, nicht aus Vernunftgründen. Wir müssen ebenso einräumen, dass manche innenpolitische und ebenso manche außenpolitische Entscheidung aus der Gesinnung entspringt – und nicht aus rationaler Abwägung. Und wir täuschen uns hoffentlich nicht darüber, dass auch ein großer Anteil der wählenden Bürger und Bürgerinnen ihre politische Wahlentscheidung vornehmlich aus Motiven der Gesinnung trifft – und aus Regungen ihrer gegenwärtigen psychischen Stimmung.

Gleichwohl habe ich die Einsicht in die grundlegende Bedeutung der beiden Elemente politischer Entscheidung – Vernunft und Gewissen – seit langen Jahrzehnten in Wort und Schrift vertreten.

VII.

Ich muss aber hinzufügen: So einfach und so unzweideutig, wie dieses Fazit sich anhört oder sich liest, so einfach ist es in der demokratischen Wirklichkeit nicht. Denn es ist in einer demokratisch verfassten Staatsordnung de facto die Ausnahme, wenn ein einzelner allein eine politische Entscheidung trifft. In der weit überwiegenden Mehrzahl der Fälle entscheidet nicht ein einzelner, sondern vielmehr eine Mehrheit von Personen. Dies gilt ohne Ausnahme zum Beispiel für jegliche Gesetzgebung.

Damit im Parlament eine Gesetzgebungsmehrheit zustande kommt, müssen mehrere hundert Personen sich auf einen gemeinsamen Text einigen. Eine relativ unwichtige Materie kann zugleich kompliziert oder schwer zugänglich sein, zum Beispiel in der Steuergesetzgebung. In solchen Fällen verlässt man sich dann leicht auf die anerkannten Experten oder auf die anerkannten Führungspersonen der eigenen Fraktion. Es gibt aber viele Fälle, und es gibt wichtige Materien, in denen manche Abgeordnete in einem oder in mehreren Punkten zunächst andere, wohl begründete Meinungen haben. Um ihnen die Zustimmung zu ermöglichen, muss man ihnen entgegenkommen.

Mit einem anderen Wort: Gesetzgebung und Entscheidung durch eine Parlamentsmehrheit setzt bei den vielen einzelnen die Fähigkeit und den Willen zum Kompromiss voraus! Ohne Kompromiss kann kein Konsensus einer Mehrheit zustande kommen. Wer den Kompromiss prinzipiell nicht kann oder nicht will, der ist zur demokratischen Gesetzgebung nicht zu gebrauchen. Allerdings ist mit dem Kompromiss oft ein Verlust an Stringenz und Konsequenz des politischen Handelns verknüpft. Solchen Verlust muss der demokratische Abgeordnete willig in Kauf nehmen. Das gehört ins Stammbuch der deutschen Idealisten geschrieben.

VIII.

Kompromisse sind desgleichen in der auswärtigen Politik immer wieder notwendig, um den Frieden zwischen den Staaten zu wahren. Ein nationaler sacro egoismo, wie ihn die Regierung der USA zurzeit pflegt, kann auf Dauer nicht friedlich funktionieren.

Allerdings hat das Ideal des Friedens – seit Alexander oder Caesar, seit Dschingis Khan, Pizarro oder Napoleon bis hin zu Hitler und Stalin – über Jahrtausende hinweg in der Praxis der auswärtigen Politik nur ganz selten eine

Helmut Schmidt mit Jimmy Carter (r.) während eines zweitägigen Besuchs des Bundeskanzlers im März 1980 in den USA – Carter war 1976 zum US-Präsidenten gewählt worden. Die deutsch-amerikanischen Beziehungen litten unter dieser Regierungs-Konstellation deutlich. Schmidt machte später keinen Hehl daraus, dass er von Jimmy Carter nicht viel hielt, vor allem nicht von dessen ökonomischer Kompetenz.

Wenn der Kanzler mit dem König: Helmut Schmidt nimmt im Januar 1979 im Kanzleramt in Bonn an einer Schach-Simultanveranstaltung teil. Nach seiner politischen Karriere blieb er ein begeisterter Schachspieler und lud seine Freunde oft zu Partien nach Hause ein.

entscheidende Rolle gespielt. Und heute noch heißt Alexander bei uns „der Große". Ebenso wenig hat das Ideal des Friedens in der theoretischen Staatsethik oder in der philosophischen Durchdringung der Politik eine entscheidende Rolle gespielt. Im Gegenteil: Seit Jahrtausenden und noch in der Neuzeit von Machiavelli bis zu Clausewitz galt der Krieg als quasi selbstverständliches Element der Politik.

Erst im Zuge der europäischen Aufklärung haben einige wenige Autoren – so zum Beispiel der Niederländer Hugo de Groot oder der Deutsche Immanuel Kant – den Frieden zum erstrebenswerten politischen Ideal erhoben. Aber noch während des ganzen neunzehnten

Jahrhunderts ist Krieg für die europäischen Großstaaten eine Fortsetzung der Politik mit anderen Mitteln geblieben – und abermals im zwanzigsten Jahrhundert. Dann erst hat das entsetzliche Elend der beiden Weltkriege endlich dazu geführt, dass das in den Volksmassen längst vorhandene Bewusstsein vom Krieg als einem zu vermeidenden Kardinalübel der Menschheit sich auch führenden Politikern in West und Ost mitgeteilt hat. Der Versuch des Genfer Völkerbundes, später die Begründung der bis heute wirksamen Vereinten Nationen bezeugen das; ebenso die auf Gleichgewicht zielenden Rüstungsbegrenzungsverträge zwischen den USA und der Sowjetunion; ebenso die Begründung der europäischen Integration seit den 1950er Jahren.

Auch die Bonner Ostpolitik gegenüber Moskau, Warschau und Prag war ein denkwürdiges Beispiel für ein entscheidendes Element jeder Friedenspolitik: Wer als Staatsmann dem Frieden dienen will, der muss mit dem Staatsmann auf der Gegenseite reden – das heißt: er muss mit dem Feind von gestern oder mit dem möglichen Feind von morgen reden – und er muss ihm zuhören und ihm antworten! Reden, Zuhören und wenn möglich einen Kompromiss schließen! Ein anderes Beispiel war die Schlusserklärung der Konferenz für Sicherheit und Zusammenarbeit (KSZE) 1975 in Helsinki, die ein friedensdienlicher Kompromiss gewesen ist: Die Sowjetunion erhielt die Unterschriften der westlichen Staatsmänner unter die Festschreibung der Staatsgrenzen im Osten Europas, und der Westen erhielt die Unterschriften der kommunistischen Staatschefs unter die Menschenrechte (in Gestalt des nachmalig berühmt gewordenen Korb III der KSZE). Ein Kompromiss: beide Seiten bekamen etwas Wichtiges und mussten zugleich etwas unterschreiben, was ihnen zuwider war. Der Zusammenbruch der Sowjetunion anderthalb Jahrzehnte später war dann nicht eine Folge militärischer Gewalt von außen – Gott sei Dank! –, sondern es war vielmehr eine im Innern sich vollziehende Implosion eines Systems, das seine Kräfte weit überdehnt hatte.

Ein umgekehrtes, negatives Beispiel geben die seit Jahrzehnten wiederkehrenden Kriege und Gewalttaten zwischen dem Staate Israel und seinen palästinensischen und arabischen Nachbarn. Wenn beide Seiten nicht miteinander reden, so bleiben zwangsläufig Kompromiss und Frieden eine illusionäre Hoffnung und nichts weiter.

Seit 1945 verbietet das Völkerrecht in Gestalt der Satzung der Vereinten Nationen jede gewaltsame Einmischung von außen in die Angelegenheiten eines Staates; allein der Sicherheitsrat darf eine Ausnahme von dieser Grundregel beschließen. Mir will es heute dringend nötig erscheinen, die Politiker an diese Grundregel zu erinnern. Denn zum Beispiel die militärische Intervention im Irak, noch dazu lügenhaft begründet, ist eindeutig ein Verstoß gegen das Prinzip der Nichteinmischung, ein eklatanter Verstoß gegen die Satzung der Vereinten Nationen. Politiker vieler Nationen sind an diesem Verstoß mitschuldig. Ebenso tragen Politiker vieler Nationen (darunter auch deutsche) Mitverantwortung für völkerrechtswidrige Interventionen aus „humanitären" Gründen. So sind seit fast einem Jahrzehnt auf dem Balkan gewaltsame Interessenkonflikte auf westlicher Seite mit einem humanitären Mantel bekleidet worden (einschließlich der Bomben auf Belgrad).

IX.

Ich will aber die außenpolitische Abschweifung verlassen und zum innenpolitischen und zum parlamentarischen Kompromiss zurückkehren. Die Massenmedien, die in unserer offenen Gesellschaft weitgehend die öffentliche Meinung prägen, sprechen von politischen Kompromissen bisweilen als von „Kuhhandel" oder auch von „faulen" Kompromissen, bisweilen entrüsten sie sich über angeblich unmoralische Fraktionsdisziplin. Zwar ist es einerseits gut und nützlich, wenn die Medien den Meinungsbildungsprozess immer wieder kritisch durchleuchten. Gleichwohl bleibt aber der Satz von der demokratischen Notwendigkeit des Kompromisses richtig. Denn eine gesetzgebende Körperschaft, in der jedes einzelne Mitglied unabdingbar auf seiner individuellen Meinung beharrte, würde den Staat ins Chaos fallen lassen. Ähnlich würde eine Regierung regierungsunfähig werden, wenn jedes einzelne Mitglied unabdingbar auf seinem individuellen Urteil beharrte. Das weiß auch jeder Minister einer Regierung oder jedes Mitglied einer Parlamentsfraktion. Jeder demokratische Politiker weiß, er muss Kompromisse eingehen. Ohne das Prinzip des Kompromisses ist das Prinzip der Demokratie nicht möglich. Das steht auch in keinem Lehrbuch, sollte aber da stehen.

Tatsächlich gibt es aber auch üble Kompromisse – zum Beispiel zu Lasten Dritter oder zu Lasten einer späteren Zukunft. Es gibt unzureichende Kompromisse, die das vorliegende Problem nicht lösen, sondern nur den Anschein hervorrufen, als ob sie es lösen. So steht also der notwendigen Tugend des Kompromisses die Versuchung zum bloßen Opportunismus gegenüber. Die Versuchung zum opportunis-

Helmut Schmidt war ein großer Bewunderer von Johann Sebastian Bach, und sein Klavierspiel war überdurchschnittlich gut. Es belastete ihn auch deswegen sehr, als er später nur noch schwer hören konnte. Das Bild zeigt Schmidt bei einem zehntägigen Urlaub auf Gran Canaria im Jahr 1981.

Weltbürger: Helmut Schmidt spricht im Mai 1978 in New York vor der Generalversammlung der Vereinten Nationen in New York über Abrüstungsfragen. Sein Sachverstand in der Sicherheits- wie auch in der Finanzpolitik wurde immer wieder von großen Staatsmännern in Anspruch genommen.

tischen Kompromiss mit der öffentlichen Meinung oder mit Teilen der öffentlichen Meinung kehrt alltäglich wieder! Deshalb bleibt eben auch der kompromisswillige Politiker auf sein persönliches Gewissen angewiesen.

Es gibt Kompromisse, die ein Politiker nicht eingehen darf, weil sein Gewissen widerspricht. In solchem Falle bleibt ihm nur der offene Dissens, in manchen Fällen bleibt nur der Rücktritt oder der Verlust des Mandats. Eine Verletzung des eigenen Gewissens untergräbt Anstand und Moral – und das Vertrauen anderer in die Integrität der eigenen Person.

Es gibt aber auch den Gewissensirrtum. Die eigene Ratio kann sich irren, so kann auch das eigene Gewissen irren. In solchem Fall ist ein moralischer Vorwurf nicht gerechtfertigt, gleichwohl kann daraus ein schwerer Schaden entstehen. Wenn in solchem Falle der Politiker später seinen Irrtum erkennt, so kommt er vor die Frage, ob er den Irrtum und die Wahrheit eingestehen soll oder ob er drüber hinweg pfuschen darf. In solcher Lage verhalten sich die meisten Politiker, ähnlich wie die meisten hier im Saal, allzu menschlich: Uns allen fällt es ganz schwer, einen eigenen Gewissensirrtum und die Wahrheit über uns selbst öffentlich hörbar einzuräumen.

X.

Die Frage nach der Wahrheit kann mit der Leidenschaft kontrastieren, welche nach Max Weber eine der drei hervorragenden Eigenschaften des Politikers ist. Die Frage nach der Wahrheit kann auch kontrastieren mit der notwendigen Fähigkeit zur Rhetorik – ein Politiker, der nicht reden kann, ist kein Politiker – , die schon vor zweieinhalb Jahrtausenden im demokratisch verfassten Athen als eine der allerwichtigsten Künste angesehen war – und die in der heutigen Fernsehgesellschaft eher noch wichtiger geworden ist. Wer gewählt werden will, der muss den Wählern seine Absichten, sein Programm vortragen. Dabei ist er in der Gefahr, mehr zu versprechen, als er später erfüllen kann, zumal er dem Fernsehpublikum sympathisch erscheinen will. Jeder Wahlkämpfer ist der Versuchung zur Übertreibung ausgesetzt. Der Wettbewerb um Ansehen, vor allem um die Sympathie des Fernsehpublikums, hat diese Versuchung im Vergleich zur früheren zeitungslesenden Gesellschaft noch verstärkt.

Die moderne Massendemokratie ist, wie ähnlich Winston Churchill gesagt hat, für uns tatsächlich zwar die bei weitem beste Regierungsform – verglichen mit allen anderen, die wir früher erlebt haben –, aber sie ist keineswegs ideal. Sie ist zwangsläufig mit großen Versuchungen behaftet, mit Irrtümern und mit Defiziten.

Entscheidend bleibt das Positivum, dass die Regierten ihre Regierung ohne Gewalt und Blutvergießen auswechseln können und dass deswegen die Regierenden und ihre sie tragende Parlamentsmehrheit sich vor den Regierten verantworten müssen.

XI.

Neben Leidenschaft und Augenmaß sei das Verantwortungsbewusstsein die dritte kennzeichnende Eigenschaft des Politikers, so hatte Max Weber gemeint. Bleibt die Frage: Verantwortung gegenüber wem? In dem Wort „Verantwortung" steckt das Wort „Antwort": wem muss er antworten? Für mich ist nicht das wählende Volk die letzte Instanz, vor der ein Politiker sich zu verantworten hat. Denn die Wähler treffen nur eine sehr pauschale Tendenz-Entscheidung; und oft entscheiden sie nach Gefühl und Wellenschlag. Gleichwohl muss ihre Mehrheitsentscheidung den Gehorsam der Politiker verlangen.

Für mich bleibt das eigene Gewissen die oberste Instanz. Dabei weiß ich: Über das Gewissen gibt es mancherlei theologische und philosophische Meinungen. Das Wort kam schon bei den Griechen und Römern vor. Später haben Paulus und andere Theologen damit das Bewusstsein des Menschen von Gott gemeint und von der von Gott gewollten Ordnung, zugleich das Bewusstsein von der Sündhaftigkeit jeder Verletzung dieser Ordnung. Manche Christen sprechen von der „Stimme Gottes im Menschen". Bei meinem Freund Richard Schröder habe ich gelesen, dass unser Verständnis des Gewissens aus der Begegnung des biblischen Denkens mit der Welt des Hellenismus hervorgegangen ist. Immanuel Kant allerdings hat sein Leben lang über die Grundwerte seines Gewissens nachgedacht, ohne dass die Religion dabei eine Rolle spielte. Kant hat das Gewissen als „das Bewusstsein eines inneren Gerichtshofes im Menschen" bezeichnet.

Ob man aber das Gewissen aus der Vernunft des Menschen herleitet oder ob von Gott – jedenfalls gibt es wenig Zweifel an der Tatsache des menschlichen Gewissens. Ob einer Christ oder Muslim oder Jude ist, ob er Agnostiker oder Freidenker ist, jeder Mensch hat ein Gewissen. Etwas leiser will ich hinzufügen: Wir alle haben schon einmal gegen unser Gewissen verstoßen; wir wissen, dass wir ein Gewissen haben, es hat sich schon mal gemeldet. Wir alle haben schon „mit einem schlechten Gewissen" weiterleben müssen. Natürlich ist diese allzu menschliche Schwäche ebenso dem Politiker eigen.

XII.

Ich habe versucht, Ihnen aus drei Jahrzehnten der Erfahrung eines Berufspolitikers einige wenige Einsichten darzulegen. Natürlich waren das nur sehr eingeschränkte Ausschnitte aus der vielfältigen Wirklichkeit. Am Schluss liegt mir eine doppelte Einsicht am Herzen: Nämlich erstens, dass unsere offene Gesellschaft und unsere Demokratie mit vielen Unvollkommenheiten und Defiziten behaftet sind und dass alle Politiker von allzu menschlichen Schwächen gekennzeichnet bleiben. Es wäre ein gefährlicher Irrtum, unsere real existierende Demokratie zum reinen Ideal zu erheben. Das ist sie nicht. Aber zweitens: Gleichwohl haben wir Deutschen – unserer katastrophalen Geschichte wegen – allen Grund, mit Zähigkeit an der Demokratie festzuhalten, sie immer wieder zu erneuern und immer wieder ihren Feinden tapfer entgegenzutreten. Nur wenn wir darin einig sind, nur dann behält unsere Nationalhymne von „Einigkeit und Recht und Freiheit" ihre Berechtigung.

Schönen Dank für Ihre Aufmerksamkeit.

Helmut Schmidt im Alter von 88 Jahren, aufgenommen vor seiner Weltethos-Rede in der Universität Tübingen im Mai 2007. Dort hielt er eine Rede zum „Ethos des Politikers". Moral und Pflicht waren für den Kant-Kenner Schmidt immer wichtige Anliegen gewesen.

CHRONIK

1918

23. Dezember: Helmut Heinrich Waldemar Schmidt wird in Hamburg-Barmbek als Sohn des Studienrats und Diplomhandelslehrers Gustav Schmidt und seiner Frau Ludovika (Geburtsname: Koch) geboren.

1937

Abitur an der Hamburger Lichtwark-Schule.

1937-1939

Reichsarbeitsdienst und Wehrdienst.

1939-1942

Schmidt ist Soldat im Zweiten Weltkrieg. Zunächst wird er bei der Bremer Luftabwehr eingesetzt. 1941 kommt er an die Ostfront.

1942

Schmidt heiratet seine ehemalige Klassenkameradin Hannelore (Loki) Glaser.

1942-1944

Referent für Ausbildungsvorschriften der leichten Flakartillerie im Reichsluftfahrtministerium in Berlin und in Bernau.

1944/45

Dezember-April: Fronteinsatz als Oberleutnant und Batteriechef an der Westfront.

1945

April: In der Lüneburger Heide gerät Schmidt in britische Kriegsgefangenschaft.
31. August: Heimkehr aus der Kriegsgefangenschaft.

1946-1949

Studium der Volkswirtschaft und Staatswissenschaft in Hamburg, unter anderem bei dem späteren Bundeswirtschaftsminister Karl Schiller (SPD). Abschluss als Diplomvolkswirt mit der Arbeit „Die Währungsreformen in Japan und Deutschland im Vergleich".

1946

März: Eintritt in die Sozialdemokratische Partei Deutschlands (SPD).

1947/48

Bundesvorsitzender des Sozialistischen Deutschen Studentenbundes (SDS).

1949-1953

Zunächst Referent, dann Leiter der wirtschaftspolitischen Abteilung, ab 1952 Verkehrsdezernent in der Behörde für Wirtschaft und Verkehr in Hamburg unter Senator Karl Schiller.

1953-1962

Mitglied des Deutschen Bundestages für die SPD.

1957

Schmidt wird Mitglied des Fraktionsvorstands der SPD.
Im Bundestag entwickelt er sich als glänzender Redner zu einem der profiliertesten Vertreter der jüngeren Generation.
Als Verkehrs- und Militärexperte übt er scharfe Kritik an der Bundesregierung, insbesondere an Verteidigungsminister Franz Josef Strauß. Sein Auftreten bringt ihm bei seinen politischen Gegnern den Spitznamen „Schmidt-Schnauze" ein.

1958

Schmidt wird Mitglied im SPD-Bundesvorstand.
Im Rahmen der Kontroverse um die Atombewaffnung und der Anti-Atomtod-Kampagne der SPD tritt er entschieden gegen eine atomare Bewaffnung der Bundeswehr ein.
Oktober: Wehrübung in der Flugabwehrschule Rendsburg. Beförderung zum Hauptmann der Reserve. Noch während der Wehrübung wird Schmidt aus dem SPD-Fraktionsvorstand abgewählt.

1961

Veröffentlichung seines militär-strategischen Buches „Verteidigung oder Vergeltung".
Schmidt übernimmt das Amt des Hamburger Polizeisenators und legt Anfang 1962 sein Bundestagsmandat nieder.

1962

17. Februar: Bei der Hochwasserkatastrophe in Hamburg zieht Schmidt alle Entscheidungsvollmachten an sich und koordiniert die Rettungsarbeiten und Hilfsmaßnahmen. Er bittet europaweit um Hilfe und fordert Teile der Bundeswehr zur Rettung von Betroffenen an. Formal gesehen begeht Schmidt einen Verfassungsbruch, da ein Einsatz der Bundeswehr bei zivilen Aufgaben im Innern zu diesem Zeitpunkt nicht im Grundgesetz verankert ist. Mit seinem energischen und umsichtigen Eingreifen macht er sich einen Namen als Krisenmanager.
Juni: Die Polizeibehörde wird zur Innenbehörde mit erweiterten Befugnissen umstrukturiert. Helmut Schmidt wird Innensenator.

1964

Schmidt wird in die zehnköpfige Regierungsmannschaft Willy Brandts für die Bundestagswahlen 1965 aufgenommen.

1965-1987

Schmidt ist erneut Mitglied des Bundestages.

1967-1969

Vorsitzender der SPD-Bundestagsfraktion.

Helmut Schmidt bei seiner Vereidigung zum Kanzler im Dezember 1976 durch Bundespräsident Carl Carstens.

1968-1983

Stellvertretender Vorsitzender der SPD.

1969

Veröffentlichung des verteidigungspolitischen Buches „Strategie des Gleichgewichts".

1969-1972

Bundesverteidigungsminister im ersten sozial-liberalen Kabinett Brandt.

1972

Frühjahr: Schmidt erleidet eine schwere Schilddrüsenerkrankung.
Juli-November: Bundesminister für Wirtschaft und Finanzen als Nachfolger Karl Schillers im 1. Kabinett Brandt.
15. Dezember: Vereidigung als Bundesfinanzminister im 2. Kabinett Brandt.

1973

Veröffentlichung der Schrift „Auf dem Fundamt des Godesberger Programms".

1974

16. Mai: Nach dem Rücktritt Brandts wird Schmidt zum 5. Bundeskanzler gewählt. Von Beginn an steht Schmidts Kanzlerschaft unter dem Schatten der Rezession und der Weltwirtschaftskrise. In seiner Regierungserklärung hebt er die Themen Stabilität und Vollbeschäftigung hervor. Engen Kontakt pflegt er mit dem französischen Staatspräsidenten Valéry Giscard d'Estaing (geb. 1926).
Oktober: Besuch in Moskau und Begegnung mit dem sowjetischen Staats- und Parteichef Leonid Breschnew (1906–1982).
Dezember: Besuch in Washington bei Präsident Gerald Ford (geb. 1913).

1975

1. August: Unterzeichnung der Schlussakte der Konferenz über Sicherheit und Zusammenarbeit in Europa (KSZE) in Helsinki. Auf der Konferenz trifft Schmidt erstmals mit DDR Staats- und Parteichef Erich Honecker zusammen.
Oktober: Bei seinem Besuch in China Begegnung mit dem chinesischen Staatschef Mao Tse-tung.

Bild linke Seite:
Ruhige Momente: Der Brahmsee in Schleswig-Holstein war für Helmut und Hannelore Schmidt über ein halbes Jahrhundert ein fester Urlaubsort - das Anwesen direkt am See war das zweite Zuhause der Schmidts. Und es störte sie dabei auch nicht, dass sie für lange Zeit dort auch keinen Strom und kein fließendes Wasser hatten. Auf das 10.000 Quadratmeter große Areal war Schmidt nur zufällig aufmerksam geworden – bei einer Unterhaltung in einem von Schnee festgesetzten Zug.

Bild rechts:
Segeln war eine weitere von Schmidts vielen Leidenschaften – und nach eigener Aussage der einzige Sport, den er regelmäßig ausübte und für den er sich interessierte. Der Brahmsee kam ihm dabei gerade recht (das Bild stammt aus dem August 1974). Und dieser wurde durch ihn eigentlich erst richtig berühmt – ähnlich wie später der Wolfgangsee durch Helmut Kohl.

Bild rechts unten:
Ferien mit der Familie: Helmut Schmidt mit seiner Tochter Susanne, aufgenommen im Haus am Brahmsee, etwa aus dem Jahr 1969. Die Tochter sagte später einmal, dass der Vater eine „rustikale Zuneigung“ gezeigt habe – Gefühlsduseleien habe es in der Familie selten gegeben. Susanne wurde später Wirtschaftsjournalistin und arbeitete lange in England.
Sie ist das zweite Kind aus dieser Ehe, obwohl sowohl Hannelore als auch Helmut Schmidt gerne mehr Kinder gehabt hätten. Ihr Sohn verstarb noch während des Zweiten Weltkriegs, es folgten mehrere Fehlgeburten.

Die britische Zeitung „Financial Times" erklärt Schmidt zum „Mann des Jahres 1975".

1976

Mai: Besuch in Saudi-Arabien.
15. Dezember: Nach dem Wahlsieg der sozial-liberalen Koalition bei den Bundestagswahlen 1976 wird Schmidt erneut zum Bundeskanzler gewählt.
Veröffentlichung der Schriften „Kontinuität und Konzentration" und „Als Christ in der politischen Entscheidung".

1977

Juli: Besuch in Washington bei Präsident James (Jimmy) Carter (geb. 1924).
September-Oktober: Eine Welle terroristischer Aktionen erreicht in der Bundesrepublik ihren Höhepunkt. Bundeskanzler Schmidt reagiert mit Unnachgiebigkeit:
5. September: Entführung des Arbeitgeberpräsidenten Hanns-Martin Schleyer.
13. Oktober: Entführung der Lufthansa-Maschine „Landshut".
18. Oktober: Schmidt gibt den Befehl zur Erstürmung der „Landshut" in Mogadischu/Somalia durch eine Sondereinheit des Bundesgrenzschutzes. Daraufhin begehen die führenden Mitglieder der Rote Armee Fraktion (RAF) am gleichen Tag in ihren Gefängniszellen Selbstmord. Schleyer wird einen Tag später im Kofferraum eines Wagens ermordet aufgefunden. Schmidt übernimmt die Verantwortung für den Tod Schleyers und erläutert vor dem Bundestag „Zu dieser Verantwortung stehen wir auch in der Zukunft. Gott helfe uns!"
November: Besuch in Warschau.
Auszeichnung mit dem Theodor-Heuss-Preis.

1978

Mai: Während seines Besuches in Bonn ist der sowjetische Staats- und Parteichef Breschnew auch Gast im Hause Schmidt in Hamburg-Langenhorn.
Juni: Besuche in Nigeria und Sambia.

Bundeskanzler Helmut Schmidt 1974

1979

Januar: Gipfeltreffen in Guadeloupe mit US-Präsident Carter, dem französischen Staatspräsidenten Giscard d'Estaing und dem britischen Premierminister James Callaghan (1912-2005). Bei diesem „Vierer-Gipfel" erreicht Schmidt die politische Entscheidung zugunsten des NATO-Doppelbeschlusses. Der von Schmidts Parteifreunden heftig kritisierte Doppelbeschluss wird im Dezember offizielles NATO-Konzept.
Juni: Besuch in Washington bei Präsident Carter.

1980

Februar: Schmidt und Giscard d'Estaing fordern in einem gemeinsamen Kommuniqué die Sowjetunion auf, ihre Truppen aus Afghanistan abzuziehen.
März: Besuch in Washington bei Präsident Carter.
Juni/Juli: Besuch in Moskau.
9. Juli: Der Jüdische Weltkongress zeichnet in Amsterdam Schmidt für seine Verdienste um Frieden und Menschenrechte mit der Goldman-Medaille aus.
5. November: Nach dem Wahlsieg der sozial-liberalen Koalition bei den Bundestagswahlen wird Schmidt erneut zum Bundeskanzler gewählt.

1981

16./17.Mai: Schmidt verknüpft sein politisches Schicksal mit der Zustimmung der SPD zum NATO-Doppelbeschluss. Vor SPD-Funktionären in Recklinghausen spricht er eine indirekte Rücktrittsdrohung aus, indem er sagt, er „stehe oder falle" mit dem NATO-Doppelbeschluss. Schmidt erhält daraufhin die Unterstützung seiner Partei.
Oktober: Schmidt wird mit schweren Herzrhythmusstörungen ins Krankenhaus eingeliefert und bekommt einen Herzschrittmacher.
November: Der sowjetische Staats- und Parteichef Leonid I. Breschnew besucht die Bundesrepublik. Im Mittelpunkt der Gespräche mit Schmidt steht die Frage der Abrüstung der Mittelstreckenraketen in Europa.
Dezember: Schmidt reist zum dritten innerdeutschen Gipfel in die DDR. Die Treffen mit dem DDR-Staats- und Parteichef Erich Honecker finden am Werbellinsee und in Güstrow statt.

1982

Januar: Schmidt reist zu Gesprächen mit US-Präsident Reagan (1911-2004) über die Lage in Polen in die USA.
5. Februar: Bundeskanzler Schmidt stellt im Bundestag die Vertrauensfrage, die mit einem einstimmigen Votum der Koalition für Schmidt beantwortet wird.
17. September: Die vier Minister der Freien Demokratischen Partei (F.D.P.), Hans-Dietrich Genscher, Gerhart Baum, Otto Graf Lambsdorff und Josef Ertl, treten aus der Regierung aus. Schmidt bildet ein SPD-Minderheitskabinett und schlägt vorgezogene Neuwahlen vor.
1. Oktober: Nach dem Bruch der sozial-liberalen Koalition wird Schmidt mit einem konstruktiven Misstrauensvotum als Bundeskanzler abgewählt; sein Nachfolger wird Helmut Kohl (CDU).

1983

1. Mai: Schmidt wird Mitherausgeber der Wochenzeitung „Die Zeit".

22. Dezember: Verleihung der Ehrenbürgerwürde der Freien und Hansestadt Hamburg.
Mitbegründer des InterAction Councils, eines Rates ehemaliger Staats- und Regierungschefs.

1985-1989

Geschäftsführer von „Die Zeit", danach weiterhin Mitherausgeber.

1986

10. September: Abschiedsrede im Deutschen Bundestag.
18. September: Der Norddeutsche Rundfunk sendet Schmidts persönliches Hamburg-Portrait „Ein Mann und seine Stadt. Ein Film über Hamburg".
Dezember: Gemeinsam mit Giscard d'Estaing gründet Schmidt den Ausschuss für die Europäische Währungsunion und unterstützt in der Folgezeit die Bestrebungen zur Errichtung einer Europäischen Zentralbank.
Publikation von „Eine Strategie für den Westen".

1987

Veröffentlichung von „Menschen und Mächte".

1989

Ernennung zum Ehrenbürger der Städte Berlin, Bonn, Bremerhaven und Hamburg.

1995

Ernennung zum Ehrenbürger der Stadt Güstrow wegen seiner Verdienste um den Erhalt der Barlach-Stiftung.

1998

20. Dezember: Anlässlich seines 80. Geburtstages am 23. Dezember wird Helmut Schmidt die Ehrenbürgerwürde des Landes Schleswig-Holstein verliehen.

2002

Ehrenvorsitzender der von ihm gegründeten Nationalstiftung in Weimar.
Verleihung der Martin-Buber-Plakette und des Dolf-Sternberger-Preises für öffentliche Rede.

2003

Dezember: Die Universität der Bundeswehr in Hamburg wird in Helmut-Schmidt-Universität umbenannt. Außerdem erhält Schmidt die Ehrendoktorwürde dieser Hochschule.
Mitunterzeichner eines offenen Briefes von 17 ehemaligen europäischen Spitzenpolitikern, die nach dem Irak-Krieg zur Einigkeit mit den USA aufrufen.

2005

1. Oktober: Verleihung des „Prix des Générations" der Initiative VIVA 50plus für seine Verdienste um das Zusammenleben der Generationen und die Förderung des Verständnisses zwischen den Altersgruppen.
Oktober: Auszeichnung mit dem Oswald-von-Nell-Breuning-Preis der Stadt Trier, womit Schmidts Eintreten für die Fragen des gerechten sozialen Ausgleichs gewürdigt wird.

2006

24. Februar: Schmidt erhält gemeinsam mit dem ehemaligen französischen Staatspräsidenten Valéry Giscard d'Estaing den Adenauer-de-Gaulle-Preis für sein Bemühen um die deutsch-französische Zusammenarbeit.

Alt-Bundeskanzler Helmut Schmidt 2010

2007

8. Juni: Die American Academy ehrt Schmidt als Publizist für seine herausragende Rolle in der transatlantischen Kommunikation und verleiht ihm den erstmalig ausgelobten Henry-Kissinger-Preis.

2009

Februar: Helmut Schmidt wird im Gewandhaus mit dem Leipziger Mendelssohn-Preis in der Kategorie Gesellschaftliches Engagement ausgezeichnet.

2010

Juni: Helmut Schmidt erhält den Point-Alpha-Preis, der für Verdienste um die Einheit Deutschlands und Europas in Frieden und Freiheit verliehen wird.
21. Oktober: Hannelore „Loki" Schmidt stirbt im Alter von 90 Jahren in Hamburg.

2015

10. November: Helmut Schmidt stirbt im Alter von 96 Jahren in seiner Heimatstadt Hamburg.

Weitere Veröffentlichungen

Die Deutschen und ihre Nachbarn, 1990
Kindheit und Jugend unter Hitler, 1992
Weggefährten, 1996
Auf der Suche nach einer öffentlichen Moral, 1998
Die Selbstbehauptung Europas, 2000
Die Mächte der Zukunft. Gewinner und Verlierer in der Welt von morgen, Siedler Verlag, München, 2004
Auf dem Weg zur deutschen Einheit, Rowohlt Verlag, Reinbek, 2005
Außer Dienst, München, 2008
Was ich noch sagen wollte, München, 2015

IMPRESSUM

Bildnachweis:
dpa Picture-Alliance

Lieferbare Titel aus dem Otus Verlag:
www.otus.ch

Herstellung und Organisation: Dr. Christian Zentner, München
Texte: Christoph Leischwitz, München
Umschlaggestaltung und Layout: Petra Sarow, München

ISBN 978-3-03793-608-5